世界高端文化珍藏图鉴大系

纸　币

（修订典藏版）

青　铜／编著

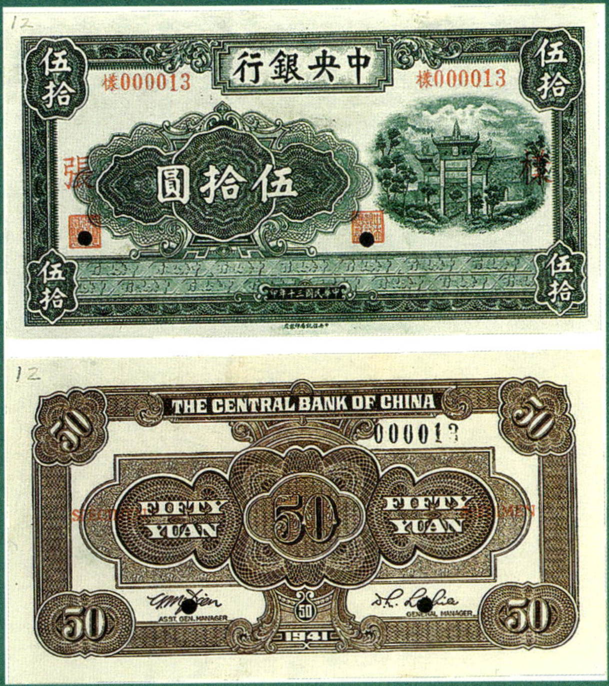

辽宁美术出版社

图书在版编目（CIP）数据

纸币：修订典藏版 / 青铜编著. — 沈阳：辽宁美术出版社，2020.11
（世界高端文化珍藏图鉴大系）
ISBN 978-7-5314-8595-7

Ⅰ. ①纸… Ⅱ. ①青… Ⅲ. ①纸币－中国－图集 Ⅳ. ①F822.9-64

中国版本图书馆CIP数据核字（2019）第271405号

出 版 者：辽宁美术出版社
地　　址：沈阳市和平区民族北街29号　邮编：110001
发 行 者：辽宁美术出版社
印 刷 者：北京市松源印刷有限公司
开　　本：787mm×1092mm　1/16
印　　张：16
字　　数：250千字
出版时间：2020年11月第1版
印刷时间：2020年11月第1次印刷
责任编辑：彭伟哲
封面设计：胡　艺
版式设计：文贤阁
责任校对：郝　刚
书　　号：ISBN 978-7-5314-8595-7
定　　价：98.00元

邮购部电话：024-83833008
E-mail:lnmscbs@163.com
http://www.lnmscbs.cn
图书如有印装质量问题请与出版部联系调换
出版部电话：024-23835227

前 言
PREFACE

当下，正是收藏业热火朝天之时，无论是文物、字画，还是其他艺术品，凡是有收藏价值的东西，无一不是收藏爱好者的追逐之物。关于收藏，不同的人有不同的见解。有人把收藏看作一项高雅的文化活动，有人把收藏看作一种投资，有人把收藏当成一种爱好。无论出于什么目的，时下越来越多的人投身收藏业已成为一个不争的事实。而纸币收藏，无疑为当前的新兴热点。

作为一个独具魅力的文化载体，纸币吸引了越来越多的收藏爱好者。纸币的收藏热在很大程度上推动了钱币市场价值的增长，一枚再普通不过的钱币，从几角、几元到几百元，价格一路攀升……一些珍贵的纸币更是价不可估，从几千元、几万元到几十万元，屡创天价。对于纸币收藏爱好者来说，这无疑是一个潜力无限的市场。

在收藏纸币的过程中，我们能够了解到政治、经济、历史、文化、艺术以及科技等多方面的知识，提升个人的素养。另外，从纸币的图案我们还能够了解各朝代、各时期的政治、经济、文化、艺术等情况，如第三套人民币中的一角券正面图案，描绘的就是“教育与生产劳动相结合”。

前言 PREFACE

面对纸币收藏的热潮，为了满足纸币爱好者、收藏者、投资者的需求，我们特意收录了各个时期的纸币，方便人们参考和研究。

本书集知识性、观赏性于一体，读者不仅能从书中获得相关的专业知识，还能够了解不同时期的纸币历史，从而对相应的纸币做出更加客观的评定，最终明确投资意向。

CONTENTS

目 录

第一章 ——话说纸币

第二章 ——古代纸币

第三章——民国纸币

第四章——当代纸币

第一章 话说纸币

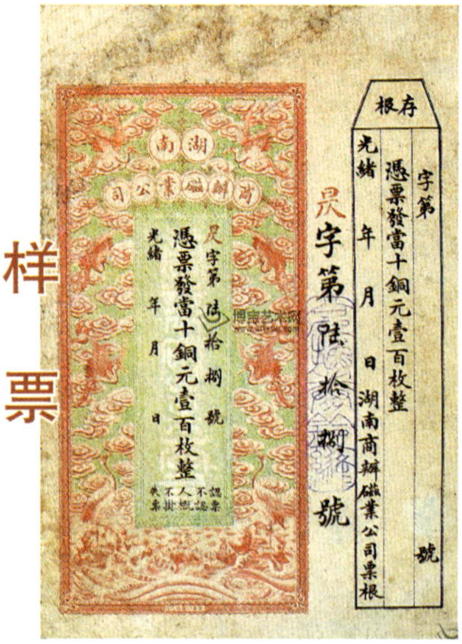

清光绪・湖南商办磁业公司当十铜元壹百枚

民国九年・直隶省银行拾圆

纸币的定义与分类

纸币

我们都知道，纸币本身是没有价值的，然而它却能够在市场上作为支付手段来进行交易。

不同的文献、不同的学者对纸币的定义也有所不同。《中国历代货币》一书当中，纸币被定义为“由国家发行，强制流通的货币符号”。而在《中国东北地区货币》一书当中，纸币被定义为“用纸印制的货币符号的通称”。虽然这两种定义存在极大的差异，但是二者都强调了“纸币是货币符号”这一概念。

在日常生活当中，很多人习惯把纸币称作“钞票”。“钞票”一词可追溯到清朝咸丰时期。这一时期，清政府发行了“大清宝钞”和“户部官票”。因此，人们就把两种货币名称的最后一个字组合起来，组成了“钞票”一词。

不过，钞票和纸币并不能画等号，两者有着本质上的不同。钞票仅是纸币的一种，多指流通券、兑换券等；而纸币，相对而言范围就要大得多，涵盖很多其他形式。

流通券和样本票

流通券是一种可流通的纸币，一般由政府下令发行，流通券上面印有面值，能够在市场上作为支付手段流通。

正常情况下，政府在发行某种纸币的同时，会发行一种与流通券一样图案、一样面值的样本票。样本票可供使用部门进行对照辨伪。

样本票没有价值，更不能在市场上流通。也就是说，和流通券比起来，样本票被伪造的概率几乎为零。

当相关部门在流通券当中发现假钞的时候，就可以拿出样本票进行对照。

有些时候，一些纸币只有样本票，而没有正式流通的流通券。通常情况下，这是纸币在印好后，由于纸币贬值或银行倒闭等原因未能发行而导致的。

在流通券当中，还有一种衍生出来的券——兑换券。兑换券是一种能够用来兑换金属货币的流通券。

富滇银行通用银圆伍圆券

民国二十四年（1935 年）前，按照民国政府的规定，流通券和金属货币是等值、等价的。也就是说，在当时，流通券能够兑换银元。而实际上，这种等值的兑换在很多情况下都无法实现，例如富滇银行通用银元伍圆券，在当时就难以兑换成等值的银元。

代用券

代用券是一种面值较低的纸币，它的出现是为了找零或临时解决地方货币周转困难。一般情况下，代用券由私人店铺、公司、工厂或者政府机构发行。代用券种类繁多，有代价券、兑货券、购货券、工资券、乘车券等。

抗战期间，市场上流通的铜元大多被日军搜刮去制造炮弹、枪弹。因此，在那些日军占领的地区，如上海、天津等地的商店、公司、工厂等就会发行一些一角以下的代用券。这些代用券，能够在结算的时候用来找零。

那些信誉好、规模大的公司，如新新公司、大新有限公司、大世界等则可以独自发行代用券。而一些小的商店或公司，则联合起来一起发行代用券，以提高店铺信誉和知名度，如同记联合代价券、当铺联合代金券等。

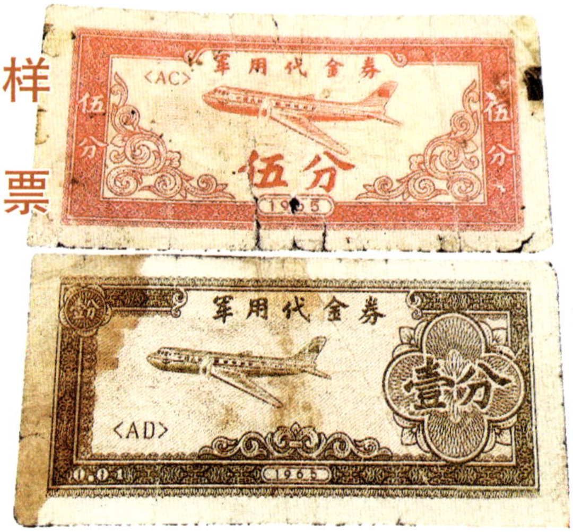

代金券

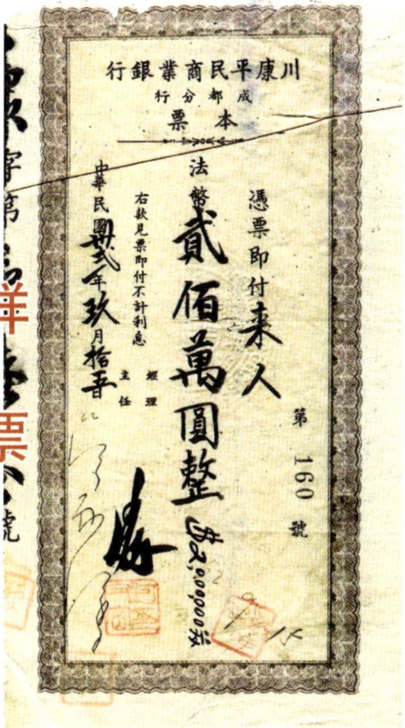

民国本票贰佰万圆整

清・宝兴银号伍两

本票和流通本票

本票是银行之间专门用于划款支付的凭证。民国期间，曾出现过银行发行的定额本票作为大额票据在市场上流通的情况。如中央银行民国三十七年（1948 年）发行过最高面值 1.8 亿元的东北流通券定额本票。

一些省份为解决辅币缺乏问题，也曾以省银行的名义发行过小额本票。然而，这种本票由于面值高、印刷质量差，很难防伪，通常只在很短的一段时间内流通。

私贴

私贴又称兑票、凭帖、信票、执照等，为清末民初私人钱铺发行的票据。私贴上面印有面值或可随时填写款值。私贴的票面相对简单，取款主要凭印章。为了保险，规定面生不付，付给现金须有保人。例如，宝兴银号伍两，还有同义钱铺凭帖取铜元贰拾枚等都是私人发行的私贴。

庄票和村票

庄票是钱庄票的简称，多为直型，面值主要以吊、串、文为单位。庄票为私人钱庄发行，仅在当地流通。

民国时期・广豫汇兑庄壹圆票

因为发行量不大，票的编号、年代等都采用手写的办法，且十分注重所盖印章。到目前为止，庄票多存于山东、湖南、山西、东北等地。

村票是村、镇以及商会某部门为解决金融危机而发行的一种地方票，仅在当地流通，且流通时间一般都非常短。

债券和期票

债券通常情况下不能流通，不过，历史上也有过一些债券在市场上流通的情况，如东北黑龙江广信公司发行的周年肆厘债券便可以流通，照付利息，票面上印有年代记号；还有辽宁民众救国会军用流通债券，这些债券都属于纸币收藏的范围。

期票是一种到期支付不计利息的现金凭证。1961 到 1962 年间，由于经济困难，由各省中国人民银行发行期票。同时，还规定只有一年后到期才能够支付。例如，中国人民银行北京分行的期票。

总的来说，尽管纸币的概念范围这么大，但是其中最主要的还是流通券。

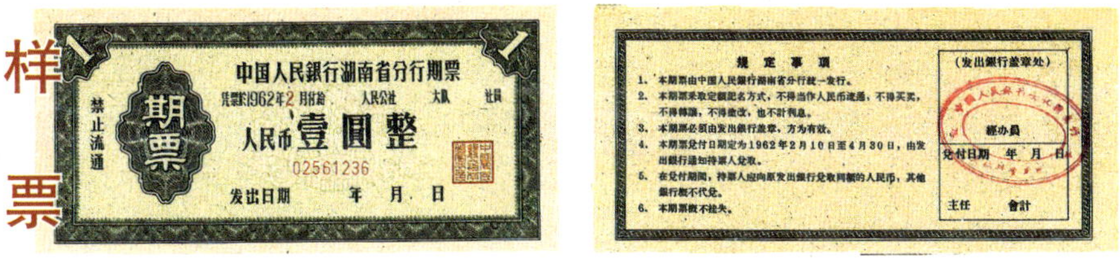

1962 年 · 中国人民银行湖南省分行期票壹圆整

纸币评定标准

对于喜欢收藏、投资纸币的人们来说，掌握纸币的评定标准尤为重要。只有掌握一定的纸币鉴别标准，才能在鱼龙混杂的纸币市场当中辨真伪、寻珍宝！

文字

早期的纸币上印有很多文字，有的是兑换说明，有的是发行条例，有的是经济政策，有的是口号。如老苏区纸币的背面印有苏维埃经济政策、口号、条例，甚至是告劳苦群众书，如鄂东工农银行的一张拾串文票的背面有这样一段文字："现在为要统一票币起见，暂又发行拾串一张的票币，以便早日将过去各分行票币收回，凡持有大冶、通山、瑞昌等各分行的票币者，统限于四月半以前送来兑换，过期即行作废，特此通告。"根据史料记载，大冶、通山等地都发行过根据地钱币，不过至今没有公开出现过印有这些地名的纸币的实物。

此外，在许多军用票的背面也经常印有告示，如孙中山在广州设立大本营后，发行大本营度支处军用钞票和广东省金库券。1922 年版大本营度支处军用钞票的伍角币上就印有"军用钞票"字样，背面则是大本营度支处布告；1923 年版

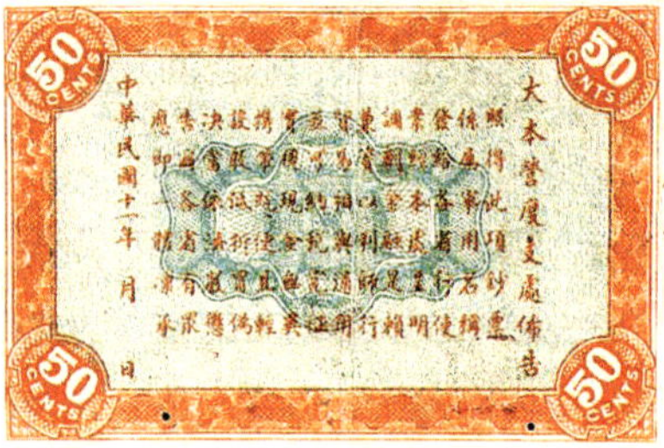

1922 年・大本营度支处军用钞票的伍角币

广东省金库券拾元券的背面盖有“大本营军用票准一年后作加一算完纳粮税务”图章。

从上面这些例子能够看出，中国纸币上的文字所包含的内容非常丰富，值得纸币爱好者深入研究。

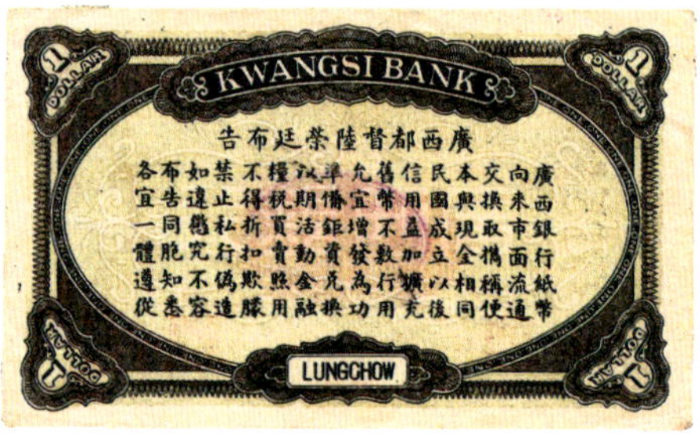

广西银行民国元年（1911 年）加盖龙州壹圆

历史事件

在一定的历史环境下，政府为纪念某一历史事件，会在发行的纸币上描绘出这一历史事件。用今天的话来说，就是纪念币。由于这类纸币的发行量很少，所以十分珍贵。在众多历史事件的纪念币当中，当属印有冯玉祥五原誓师图的纸币最为珍贵。

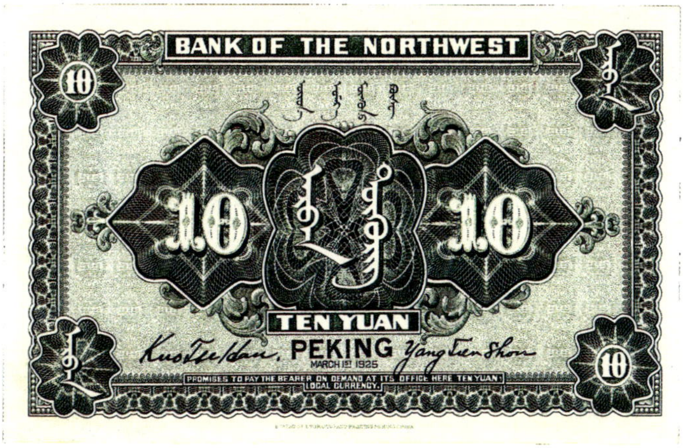

民国十四年（1925年）·西北银行财政版拾圆

民国十五年（1926年）九月十七日，刚从苏联回来的冯玉祥出任国民联军总司令。

当时，西北银行为纪念这一历史事件，便在民国十七年（1928年）发行的纸币上印上了五原誓师的典礼图，图中冯玉祥、熊式辉、王得胜三人一同站在国民党党旗下。

类似的纸币，还有西北银行民国十四年（1925年）版的纪念币。1917年，冯玉祥在担任驻廊坊十六混成旅旅长时，由廊坊进攻北京，击溃了张勋复辟军。为纪念该历史事件，西北银行便在1925年发行的纸币上印上了廊坊车站及断开的铁路。

名人或领袖肖像

纸币上面的图案涉及面很广，但其中很大一部分都是以名人或者领袖的肖像为图。在众多人物当中，当属载沣、李鸿章、孙中山、袁世凯、毛泽东最常见。对于纸币收藏爱好者来说，深入了解纸币上的人物肖像对收藏、研究纸币有着非常重要的意义。

载沣

光绪三十二年（1906 年）9 月 20 日，清朝的户部更名为“度支部”。之后，清政府便筹设银行专用印制局，从美国购进成套精密印刷机，开始印刷纸币。

宣统二年（1910 年），印制局完成了 4 枚大清银行兑换券的雕版，准备印制发行。该兑换券本为庆祝新皇帝溥仪登基而印，但考虑到溥仪年仅 3 岁，“御容”太稚，因此改印摄政王载沣像，史称“载沣像券”。

载沣像券共有壹圆、伍圆、拾圆、壹百圆四种币值，本打算印好后在全国范围内流通，谁知还未发行，清政府就被迫结束了统治。

不过，后来的上海信成银行又把载沣像搬上了钞票。因为这些纸币印刷少，流通范围小，因此十分珍贵。

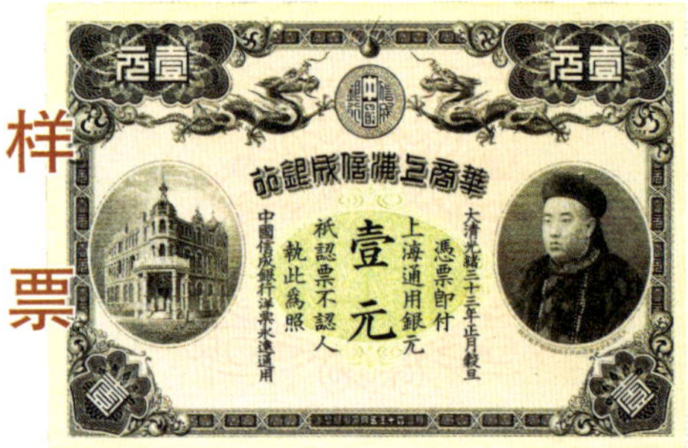

光绪三十三年（1907 年）· 华商上海信成银行银元票壹元，载沣像

大清银行兑换券拾圆，李鸿章像

李鸿章

清末时期的李鸿章可谓显赫一时，曾担任北洋通商事务大臣一职，掌管清朝的外交、军事、经济等多项大权。李鸿章还是洋务运动的领导人之一，因此在当时的社会上影响力非常大。当时的大清银行、中国银行及北洋天津银号在发行的纸币上都曾用过李鸿章的肖像。如大清银行发行的李鸿章像券、北洋天津银号发行的李鸿章像银两票、中国银行民国元年（1912 年）发行的第一套纸币上都有李鸿章像。

孙中山

作为辛亥革命的主要领导人，孙中山先生的肖像多次被印到币面上，如中央银行发行的纸币。最早把孙中山先生的肖像印上纸币的是中央银行，中央银行在民国十二年（1923 年）发行的银元券及民国十五年（1926 年）发行的银元券上都印上了孙中山肖像。

北伐战争之后，中央银行总行设在上海，后发行了印有孙中山肖像的银元券和辅币券。然而，在地方货币当中，印有孙中山像的纸币非常稀少。抗日战争期间上党银号发行的纸币中有一张伍圆券，是唯一一张由正式银行发行的印有孙中山先生的肖像的纸币。

民国三十八年（1949 年）· 中央银行银元券拾圆，孙中山像

袁世凯

民国元年（1912 年），为统一北洋军阀和南方的革命党人，在经过一系列的和谈后，南京参议院正式选举由袁世凯出任中华民国大总统。为了提高自己的影响力，袁世凯在民国三年（1914 年）发行了铸有自己头像的壹圆银币，也就是今天很多人说的“袁大头”。其实，袁世凯还计划发行印有袁世凯头像的中国银行钞票，面值为壹圆、伍圆、拾圆、伍拾圆、壹佰圆五种。然而，天公不作美，袁世凯仅做了 83 天的皇帝。因为袁世凯的逝世，这批印好的纸币成了废纸，因此只存样本票。今天，这些珍贵的样本票有少部分流入收藏者手中。

民国三年（1914 年）· 中国银行壹圆，袁世凯像

毛泽东

今天，我们随手掏出一张中华人民共和国纸币，就能看到毛泽东肖像。其实，抗战时期和解放时期，东北、华中、华东等根据地和解放区所设立的银行发行的一部分纸币上就采用了毛主席的肖像作为图案，如东北银行发行的伍佰圆券、

民国三十四年（1945 年）· 华中银行壹百圆，毛泽东像

华中银行发行的壹佰圆券均有毛主席的肖像。

因为人们很怀念毛泽东，所以尽管印有毛泽东肖像的纸币有很多，可是很多收藏家仍然将印有毛主席肖像的纸币作为收藏的一类。

名人签名

中华人民共和国成立之前，一些银行发行的纸币上多有银行总裁、行长、经理等人的签名。例如，广东省民国元年（1912年）版的军政府通用钞票，其中的伍毫券和贰圆券上均有都督胡汉民和财政司长廖仲恺的签名；再如中华民国军用钞票壹圆、伍圆两种钞票，上面就有当时的财政部长陈锦涛的签字。

民国期间，纸币上最多见的肖像当属孙中山，然而他留在纸币上的签名却很少。孙中山在美国为辛亥革命筹饷时，曾经发行过一种金币券，上面便有孙中山签写的“孙文”的中文及英文名字。由于这些纸币不常见，又带有名人的签名，所以异常珍贵。

中华民国金币券，“孙文”字样签名

旗帜

清朝时期的银行，如大清银行、大清户部银行、交通银行所发行的纸币中很大一部分印有龙旗。辛亥革命以后，清王朝名存实亡，民国元年（1912 年），交通银行发行纸币时将龙旗改为了五色旗。

安徽省独立后，裕皖官钱局改组为临时中华银行，其发行的纸币上印有铁血十八星旗。

当时，很多银行的做法是把五色旗和铁血十八星旗一起印上纸币，如中华民国靖国军军用钞票的正面印有五色旗和铁血十八星旗；采用类似做法的还有中华民国陆军军部军事用票以及湖南米商钱局在民国元年（1912 年）发行的银两票。

广西省（今广西壮族自治区）独立后，广西官银钱号改组为广西银行。在发行银元券时，广西银行把铁血十八星旗、五色旗和青白红旗一起“搬”上了币面。

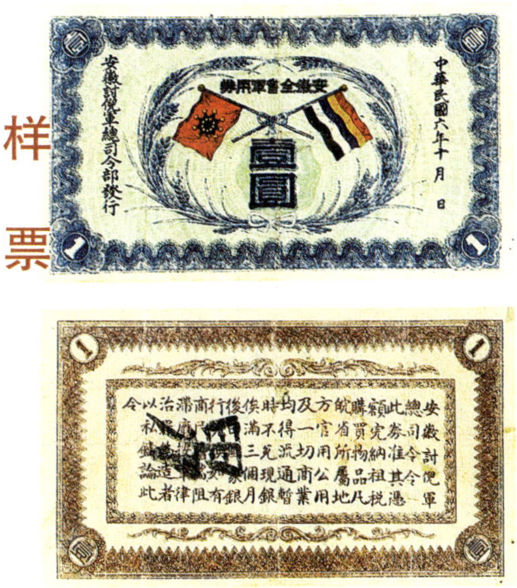

安徽全省军用券

中华民国靖国军军用钞票

国共合作期间，浙江省银行发行的伍拾圆券上，则印制了四位军人共举中华民国国旗的图案。

总的来说，旗帜之所以能够成为我们判断纸币是否珍贵、是否值得收藏的一个重要标志，主要在于我们能否从纸币旗帜的变化当中获知历史的推进过程。

年号和编号

咸丰年间，清政府发行的户部官票和大清宝钞用咸丰年号，有三年到九年多种，其中三年和九年版纸币非常罕见。咸丰三年（1853 年），清政府开始推行户部官票，纸币的年、月、日均为后写。纸币的冠号则按《千字文》排列，其中最早发行的是“天”“地”“宇”“宙”“日”冠字的编号。相对来说，这些纸币比其他字编号的纸币都要珍贵。

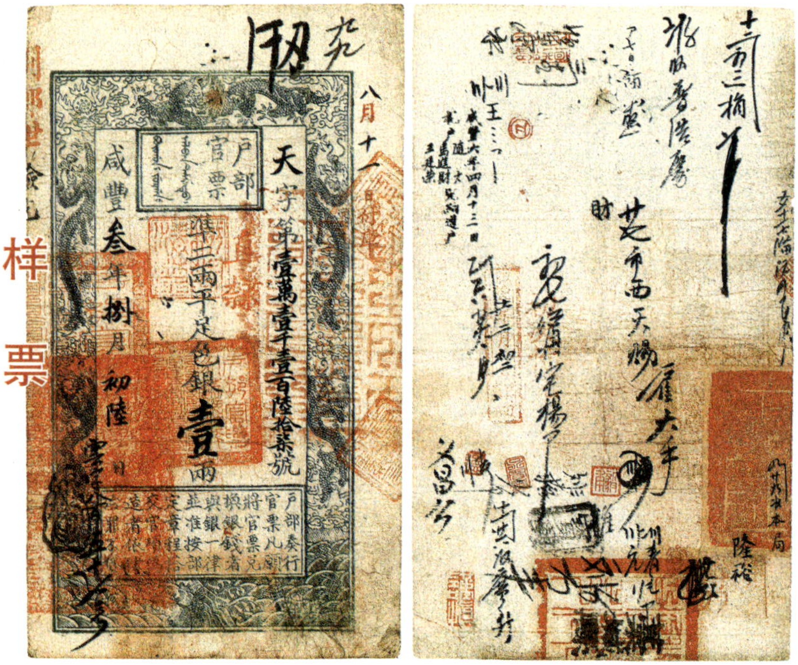

咸丰五年（1855 年）• 户部官票壹两，“天”字冠

1949 年 · 第一套人民币红色解放号轮船壹佰圆券，六位

发行量

按照物以稀为贵的市场法则，纸币的发行量与其收藏价值、投资价值息息相关。熟悉纸币的人，可通过纸币编号的位数和冠字来估计纸币的发行量。倘若纸币编号是六位数，就算全部发行完，最多不过 999999 张；八位数的则会有 99999999 张。然而，要是在号码前面加上冠字，那么就可分为无冠字、单冠字、双冠字、前单后单冠字、前双后单冠字、前双后双冠字等。冠字数越多，表示该纸币的发行量越大。例如，第一套人民币有一种红色解放号轮船壹佰圆券，有六位和八位号之分，前者比较少见，而后者十分常见。

流通时间

由于诸多原因，一些银行本身存在的时间非常短，只有 2~3 年。因此，该银行所发行的纸币数量必然有限；而对于存在时间较长的银行，其纸币发行量必定很大，流通范围很广，因此存留下来的机会就更大。

四川省银行发行的银元辅币券伍角

解放战争前夕，国民党为挽救经济危机，曾经以中央银行的名义发行过金圆券和银圆券。然而，金圆券流通不到一年就开始严重贬值，因此银行只好发行银圆券代替。由于解放战争进展迅猛，中国人民解放军很快解放了很多地区，因此银圆券的实际流通时间还不到半年，故银圆券比金圆券少，比金圆券珍贵。

当时，国民政府还允许各省地方发行银元辅币券。这些地方发行的银元辅币券，流通时间更短，流通范围更窄，因此又比中央银行发行的银圆券罕见，比如四川省银行发行的银元辅币券。

第二章

古代纸币

纸币

Paper money

宋代纸币

唐朝时期，中国的经济就开始迅猛发展；特别是到了宋代，中国的经济在当时可谓世界之首。

随着生产力的不断提高，经济的进一步发展，为满足市场需求，更便捷、基数更大的货币应运而生。五代时期，四川等地就因流通货币不足发生了“钱荒”。正是这场金融危机，催生了世界上最早的纸币——“交子”。

“交子”一词是四川地方方言，是票券的概称。一开始在市面上流通的交子，票面上只写有密码、花押间错，金额多是临时填写。后来，为了使市场更加规范，十几户富商联合开设了“交子铺”，开始统一发行交子。

南宋“行在榷货务对椿金银见钱关子”版

到了北宋大中祥符年间（1008—1016年），由于富商的衰败，交子难以兑现。最后，政府出面，开始接办交子。

天圣二年（1024年），宋代政府开始发行官方交子。在官方那里，交子实行分界发行，严格规定每次发行交子的使用年限，过了规定期限就作废。当时，政府规定每期交子最高发行额为 1256430 缗。

后来由于市场需要，官方增加了交子发行额，进而导致交子严重贬值。为缓解这一危机，政府在崇宁、大观年间（1102—1110 年）把交子改为“钱引”。

中国的交子，不仅在世界货币史上拥有重要的地位，在世界印刷史、版画史上也有着重要地位。

南宋期间，纸币已在全国多个地方流通，和当时的铜板、铁钱并行。当时，几乎每个地方都有各自的地区性纸币。

神宗时，交子正式由官方承认，即熙宁初年（1068 年）伪造交子等同于伪造官方文书。“交子”是我国最早由政府正式发行的纸币，也被认为是世界上最早使用的纸币。

北宋“交子”旧版拓存

金代纸币

一直以来与宋对峙的金朝也发行过纸币。金海陵王贞元二年（1154 年），金政府设立了钞库，发行了“大钞”和“小钞”两种纸币，并命名为“交钞”。

金政府发行纸币主要有两个客观原因：一是缺乏铸钱的原料铜，二是受到宋朝发行纸币的影响。一开始，金朝发行的交钞仿照宋制立七年一届，到金章宗时代决定废除期限永久使用。值得一提的是，如果纸币上面的字迹磨损或难以辨认，可向所属库司更换，这在中国纸币史上可谓先河之举。到目前为止，考古并未发现实物纸币，仅见出土的金朝钞版和拓图。

交钞面额分为十等，壹贯、贰贯、叁贯、肆贯、伍拾贯的称为大钞，壹佰、贰佰、叁佰、伍佰、柒佰文的称为小钞。金章宗泰和七年（1207 年）颁布的《钞法条约》是中国第一部关于纸币的法规。

金朝交钞版

残部通宽约 16.1 厘米，高约 14 厘米。版面由外粗内细的双栏界线围成，版面宽约 15 厘米，正中上方有一个宽 10.5 厘米、高 2.2 厘米由单线围成的横额。

贞祐宝券伍拾贯的两合同版

贞祐宝券伍拾贯两合同版

贞祐宝券伍拾贯两合同版。宝券呈长方形，钞面花栏上横书“伍拾贯”，左方斜押“平阳合同”“太原合同”。花栏内上首横书钞名“贞祐宝券”，钞名下正中“伍拾贯八十足陌”，右“字料”，左“字号”，两侧缘字“伪造者暂赏”“宝券伯贯”。此券钞名上方有五组两两相交的钱串图案，以表示面额伍拾贯。宝券四边有宽条装饰带，饰有花草。

元代纸币

元朝之前的朝代已经发行过不少纸币，有“丝会子”“交钞”“银钞”“宝钞”“楮币”等。

元世祖忽必烈即大汗位后，于中统元年（1260 年）发行了“中统元宝交钞”，面额自壹拾文至贰贯分为十等。自发行后，中统元宝交钞便在全国流通，一直用到元末。

至元二十四年（1287 年），忽必烈再次发行纸币，取名“至元通行宝钞”，以壹贯当中统钞五贯，同时并行。

武宗至大二年（1309 年），元朝政府发行“至大银钞”，但只流通了一年就被取消，重新印造中统钞和至元钞，直至元末。

中统元宝交钞

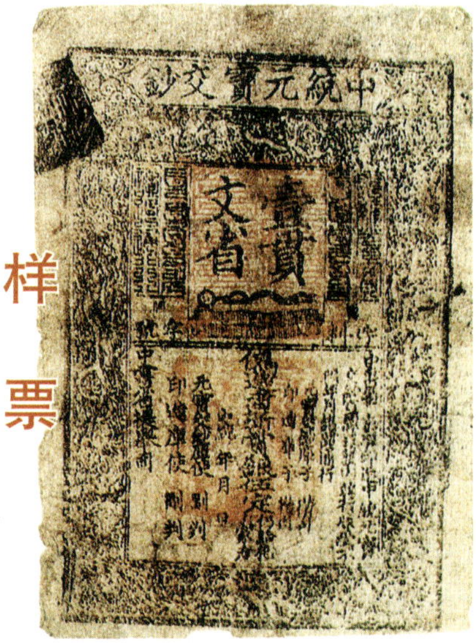

中统元宝交钞

“中统元宝交钞”为树皮纸印造，钞纸 16.4cm×9.4cm，正面上下方及背面上方均盖有红色官印。正背左上方盖黑色长条形合同印。纸质柔软，颜色青黑。钞面上方横书汉文钞名“中统元宝交钞”。花栏内上部正中为“壹贯文省”四字，面额下为横置钱贯图。两侧竖写九叠篆汉字和八思巴文，右侧汉文“中统元宝”，八思巴文“诸路通行”；左汉文“诸路通行”，八思巴文“中统元宝”。钱贯图右为“字料”，左为“字号”。字料上方盖一活字似“微”，字号上方盖“师”字。钞面上下依稀可见各盖有红印一方。钞背有“至延印造元宝交钞”字样墨印一方。

元代·至元通行宝钞贰贯

元代·至元通行宝钞贰贯。钞面共分四栏。第一栏为“至元通行宝钞”六个大字。第二栏为贰贯金额及贰贯铜钱图案，其上押八思巴文朱红大印，两旁为八思巴文。第三栏右为“字料”，左为“字号”二字。第四栏共十一行，七十八字。

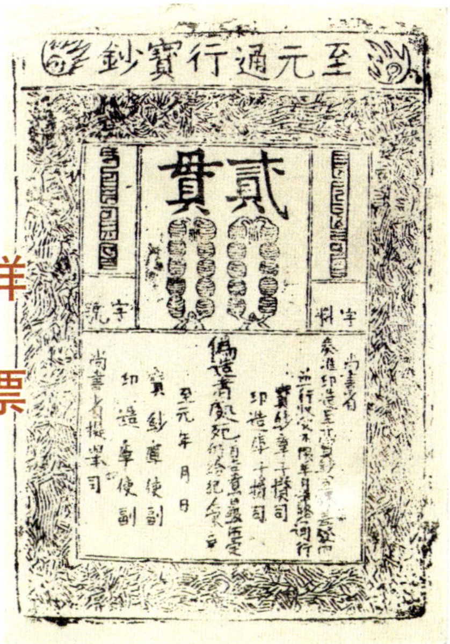

至元通行宝钞

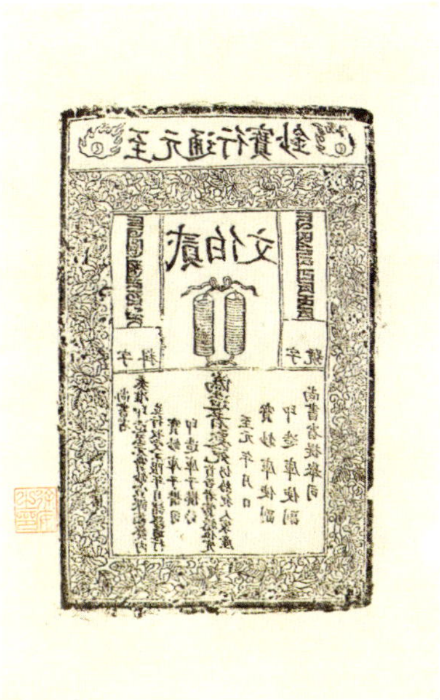

至元通行宝钞拓存

明代纸币

为了适应社会经济的发展，明朝政府在洪武八年（1375 年）后，正式发行了“大明通行宝钞”。大明通行宝钞的面额有壹贯、伍佰、肆佰、叁佰、贰佰、壹佰文，分为六等。大明通行宝钞是明朝政府发行的唯一纸币，后由于纸币贬值，到了弘治（1488—1505 年）以后，钞法已经废止不行。

大明通行宝钞的特征和元钞基本相同。据历史记载，明钞背面也出现了内容，背面印着钞票的面值。

明代纸钞铜版雕作精细，纹样流畅，字体劲健，体现出明代雕版印刷技术的精湛，具有较高的文化价值。《明史·食货志》记曰：“其制方，高一尺，广六寸，质青色，外为龙文花栏。”版面上首横书钞名“大明通行宝钞”，钞名下为龙纹花栏，花栏内上部正中“壹贯”二字，面额下为十串贯钱图，仿金元钞面的实物示意。贯钱两旁有篆书，右“大明宝钞”，左“天下通行”，下部文字为：“户部奏准印造大明宝钞，与铜钱通行使用，伪造者斩，告捕者赏银贰佰伍拾两，仍给犯人财产。”

大明通行宝钞壹贯版

大明通行宝钞壹贯

大明通行宝钞壹贯。宝钞横标“大明通行宝钞”，两端护以火焰。花栏内上框中上印面额“壹贯”二字，中下印有钱贯图案（十串），左右叠篆“大明宝钞、天下通行”八字，龙纹花栏内下框印户部奏准印造文：“户部奏准印造大明宝钞，与铜钱通行使用，伪造者斩，告捕者赏银贰佰伍拾两，仍给犯人财产。洪武年月日”。

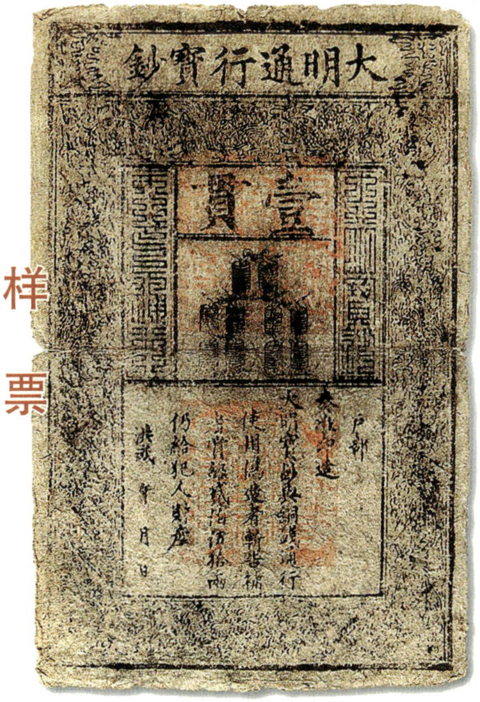

大明通行宝钞壹贯

样票

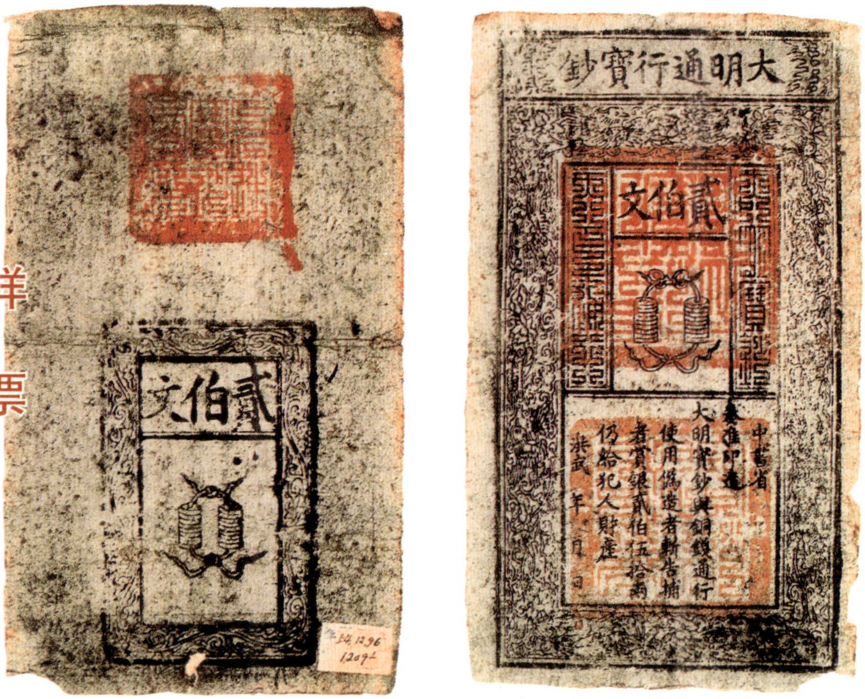

大明通行宝钞贰佰文

大明通行宝钞贰佰文

大明通行宝钞贰佰文。长 27 厘米，宽 16.5 厘米。

明代为了推行宝钞，曾实行“户口钞盐法”，即每户大人配食盐一斤，收钞一贯。而“门摊课程”即店铺商人用钞交纳门摊课。强制商人和普通老百姓用钞，但收效不大。

清代纸币

顺治八年（1651年），清政府仿照明朝制造纸币，这种流通的纸币称为“钞贯”，和金属钱币兼行。顺治十八年（1661年），清政府停止发行纸币。因为发行量小，回收彻底，因此至今没有清初发行的纸币遗存。

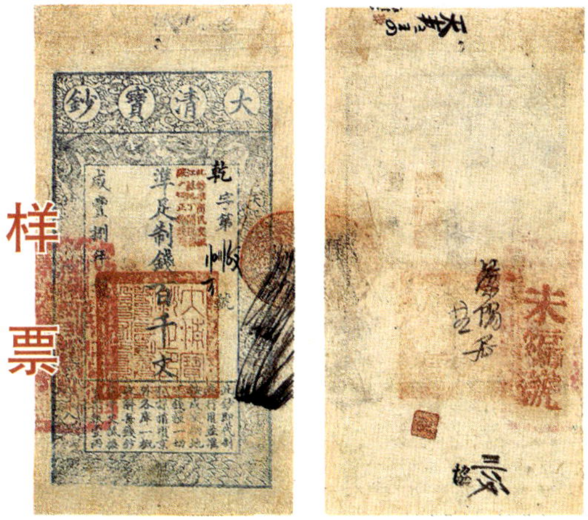

大清宝钞百千文

1840年，鸦片战争爆发，西方列强不断入侵中国；国内连年战乱，清政府财政窘迫，于是再次发行纸币。

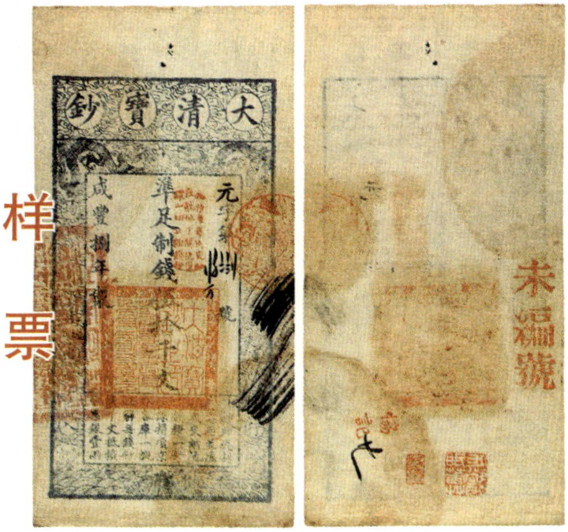

大清宝钞伍拾千文

咸丰三年（1853年），清政府分别发行了“户部官票”和“大清宝钞”，“钞票”之名便由此诞生。“官票”又称“银票”，分有壹两、叁两、伍两、拾两、伍拾两五种面额。“宝钞”又称“钱钞”，分有伍百文、壹千文、壹千伍百文、贰千文、伍千文、拾千文、伍拾千文、百千文八种面额。由于各地方政府

清代李鸿章像北洋天津银号库平足银叁两银票

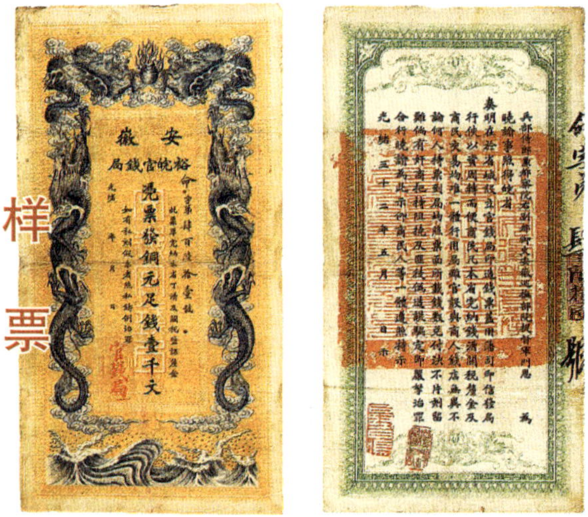

安徽裕皖官钱局铜元票

抵制钞票推行，使之难以流通，因此只流通了不到十年。

光绪二十一年（1895 年），北洋铁路局和“台湾民主国”分别发行纸币。新式纸币的票面由竖式改为横式，由大张改为小张，国外印制，票面有中文，也有英文，成为中国最早的新式纸币。光绪二十三年（1897 年），满清政府成立了中国第一家商业银行——中国通商银行，并开始发行银行兑换券。

光绪三十年（1904 年）清政府成立户部银行，并在第二年发行大清户部银行兑换券，分为银两票、银圆票和钱票三种类别。

光绪三十四年（1908 年），清政府改户部银行为大清银行。

由于当时盛行各省的官银号和官钱局发行纸币，因此各省官银号或官钱局在清末发行的纸币大多沿袭咸丰户部官票和大清宝钞形式。纸币的中央直书：凭票取 ×× 银 ×× 两或钱 × 文；右侧为直书编号，左侧为年号；中部上方为官银号或官钱局的名称；两侧印有如“如有私刻假票者照私铸例治罪”的文字；纸币的背面为长篇告示及关防。

咸丰三年（1853 年）· 户部官票壹两

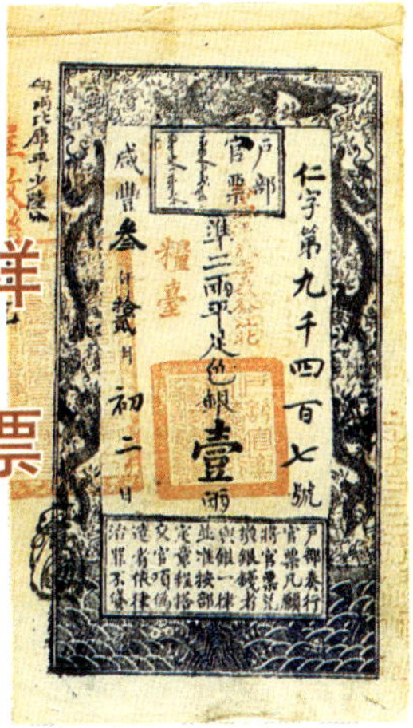

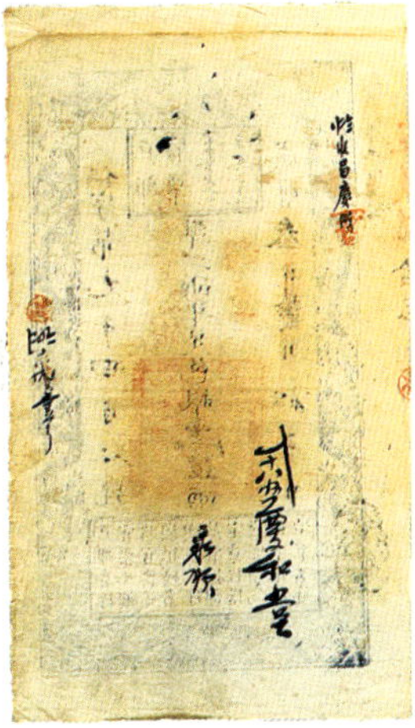

收藏指数：★★★

投资指数：★★

市场前景：★★

咸丰三年 · 户部官票叁两

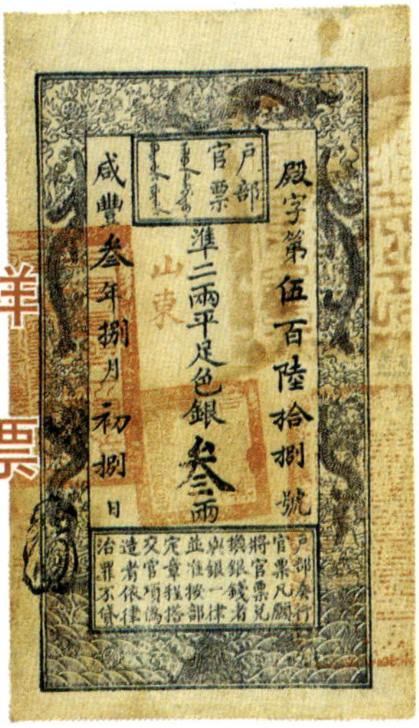

收藏指数：★★★

投资指数：★

市场前景：★

咸丰三年·户部官票伍两

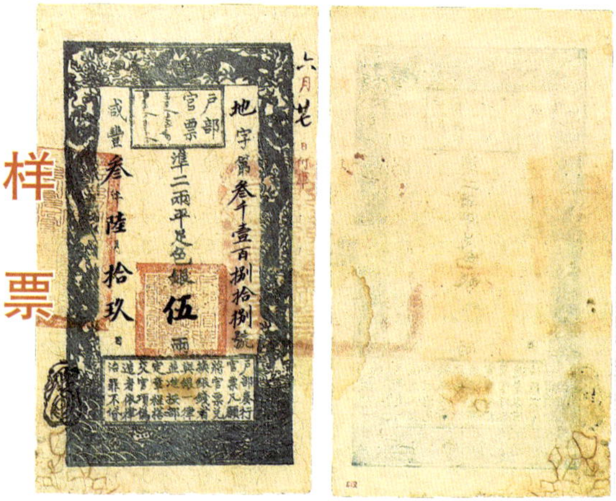

收藏指数：★★★★★

投资指数：★★★

市场前景：★★★

咸丰三年·户部官票拾两

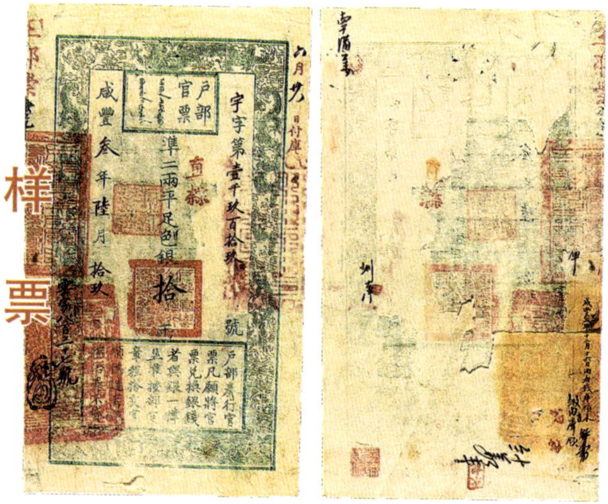

收藏指数：★★★

投资指数：★★

市场前景：★

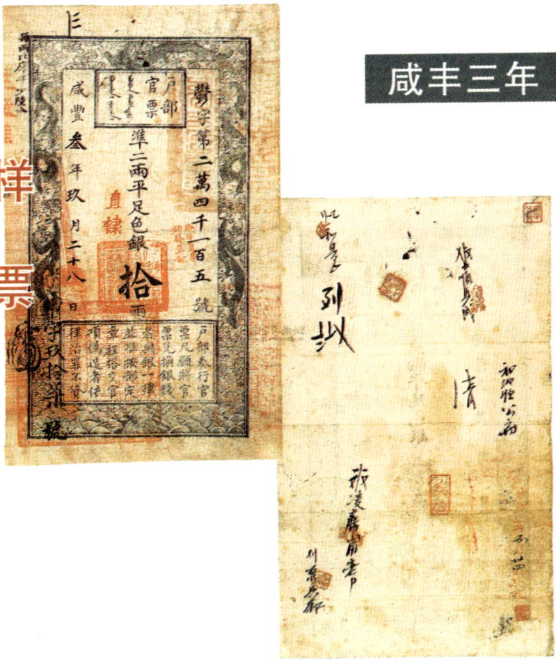

咸丰三年·户部官票拾两

收藏指数：★★★

投资指数：★★★

市场前景：★★

咸丰三年·户部官票拾两

收藏指数：★★★

投资指数：★★★

市场前景：★★

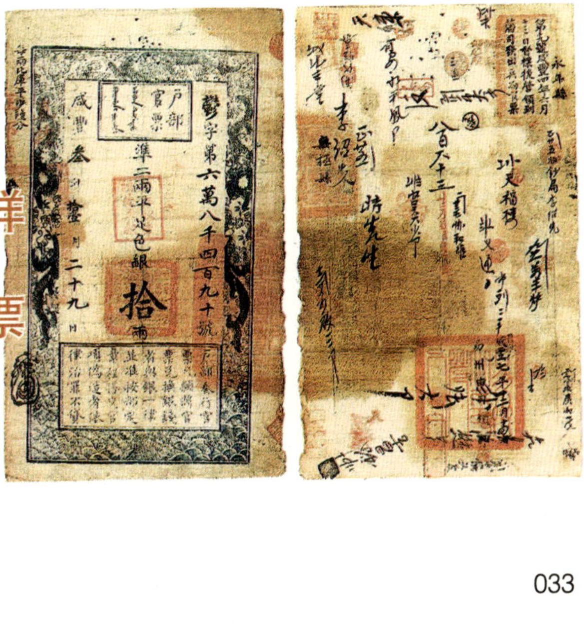

咸丰四年（1854 年）· 大清宝钞壹千文

收藏指数：★★

投资指数：★

市场前景：★

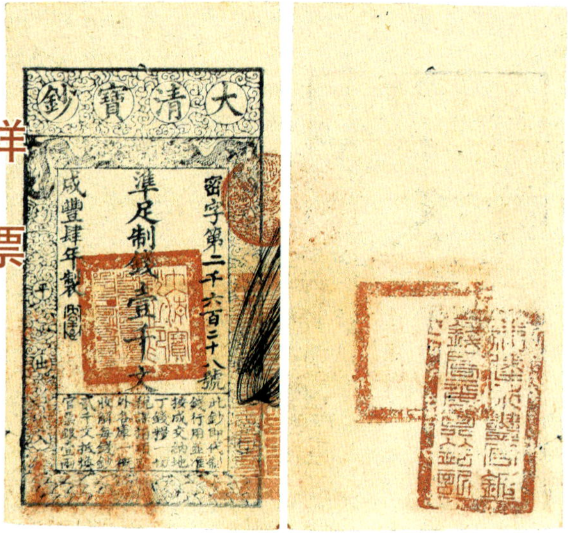

咸丰四年 · 大清宝钞壹千伍百文

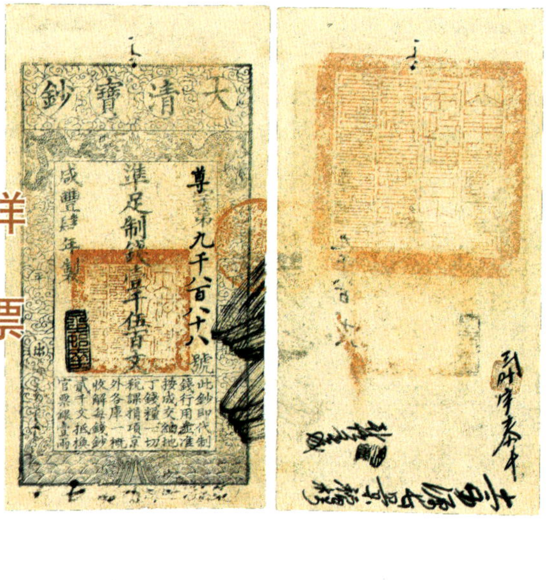

收藏指数：★★

投资指数：★

市场前景：★

咸丰四年·户部官票伍拾两

收藏指数：★★

投资指数：★★

市场前景：★

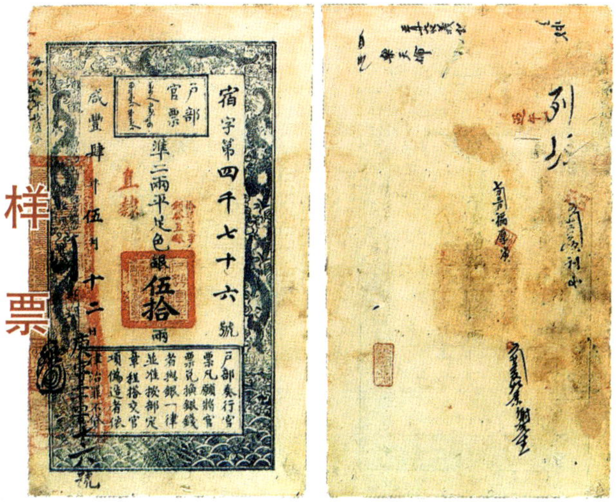

咸丰四年·户部官票拾两

收藏指数：★★

投资指数：★★

市场前景：★

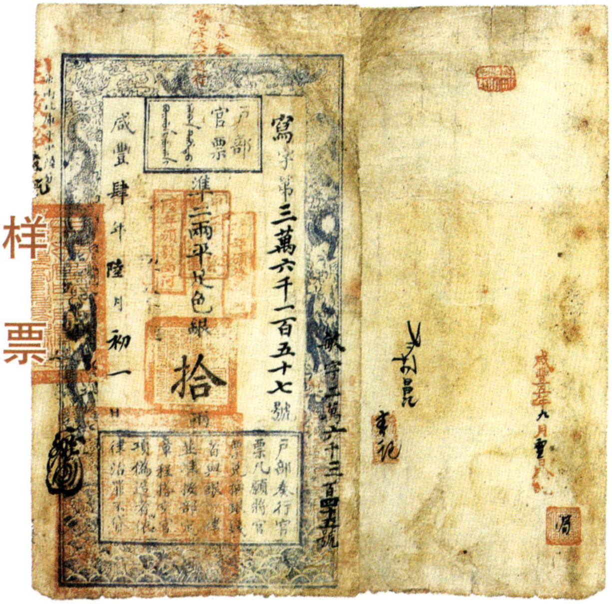

咸丰四年·户部官票拾两

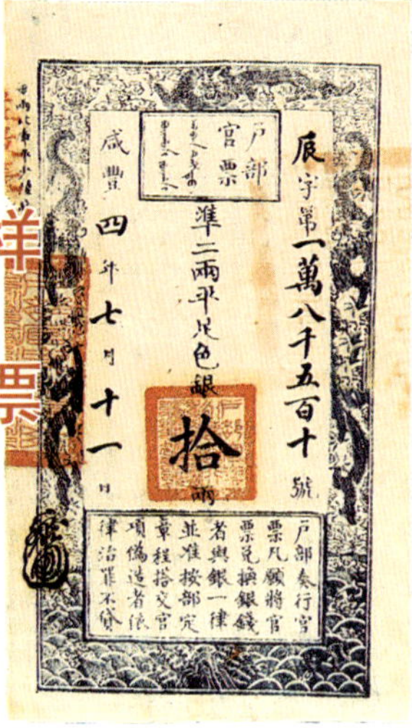

收藏指数：★★

投资指数：★★

市场前景：★★

咸丰四年·户部官票叁两

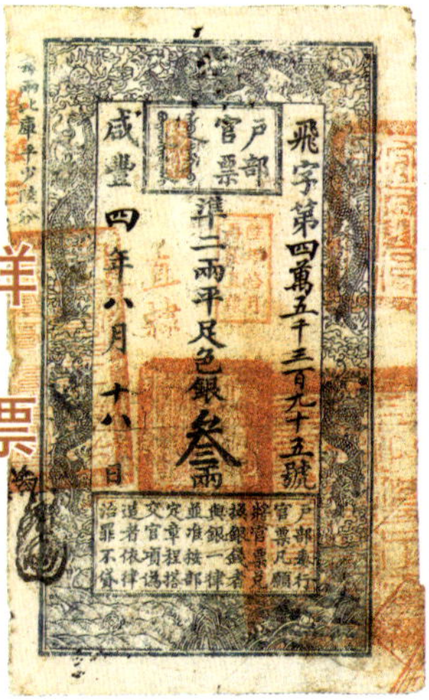

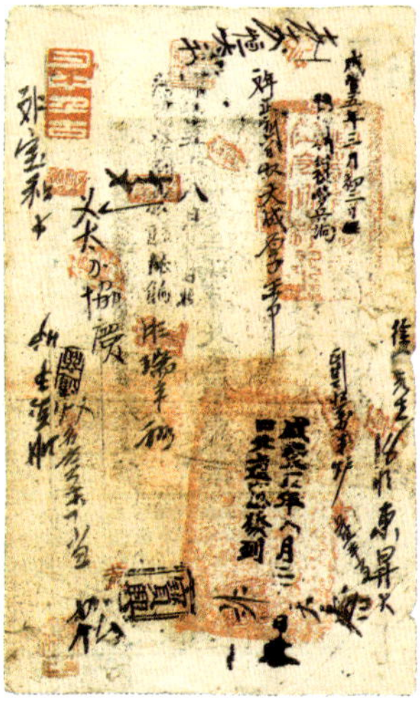

收藏指数：★★★

投资指数：★★★

市场前景：★★

咸丰四年·户部官票壹两

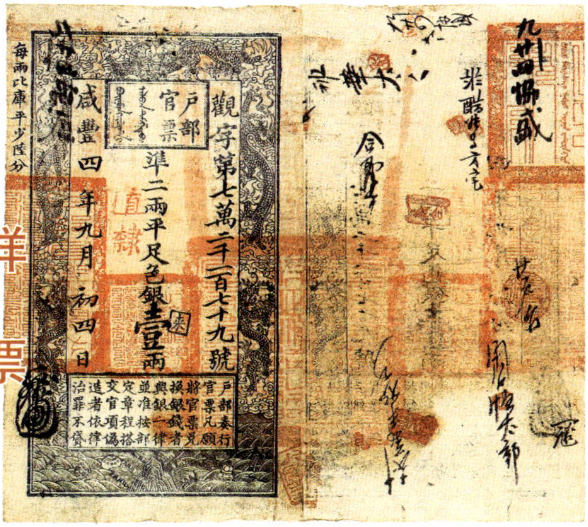

样票

收藏指数：★★★★

投资指数：★★

市场前景：★★

咸丰五年（1855 年）·大清宝钞伍百文

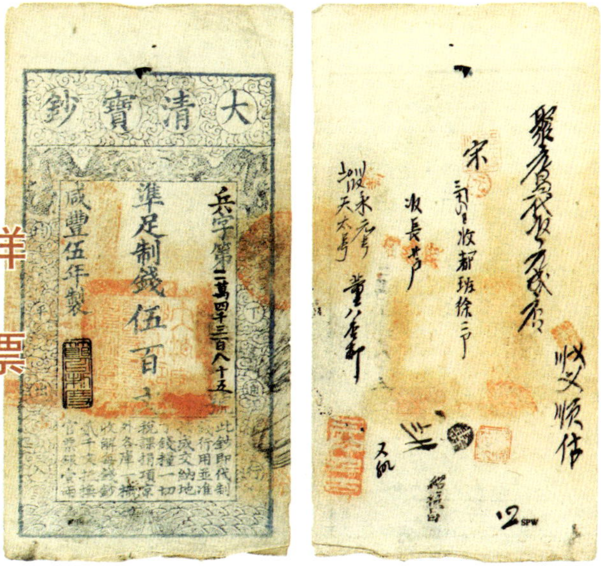

样票

收藏指数：★★★

投资指数：★

市场前景：★

咸丰五年·户部官票拾两

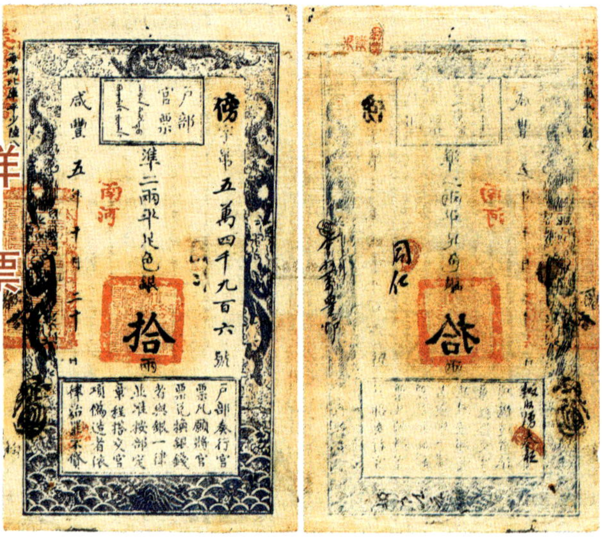

收藏指数：★★★★

投资指数：★★

市场前景：★★

咸丰六年（1856年）·户部官票壹两

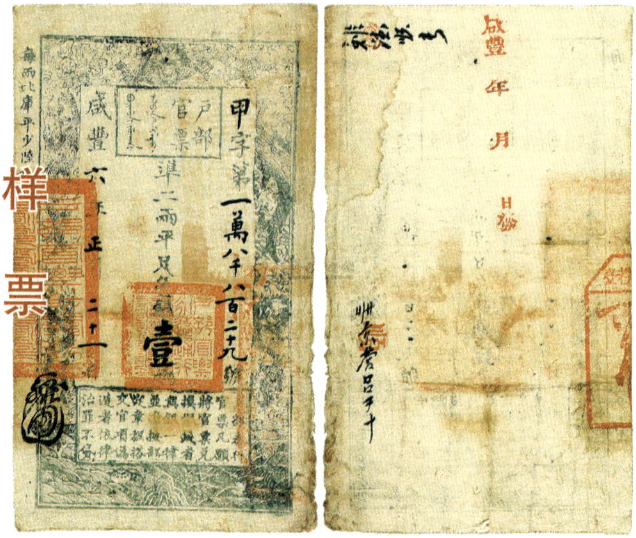

收藏指数：★★

投资指数：★

市场前景：★

咸丰六年·户部官票拾两

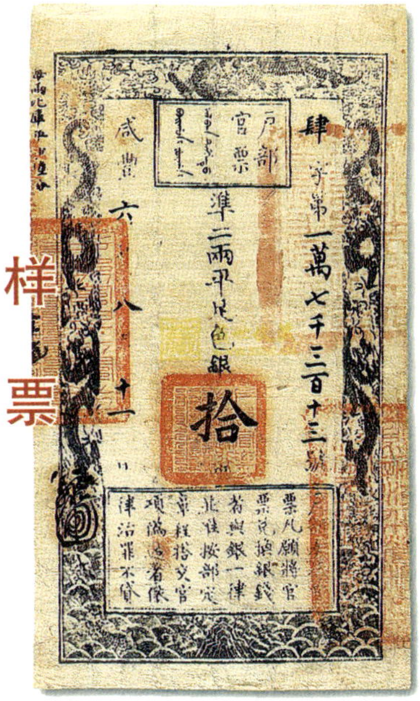

收藏指数：★★

投资指数：★

市场前景：★

咸丰七年（1857年）·大清宝钞贰千文

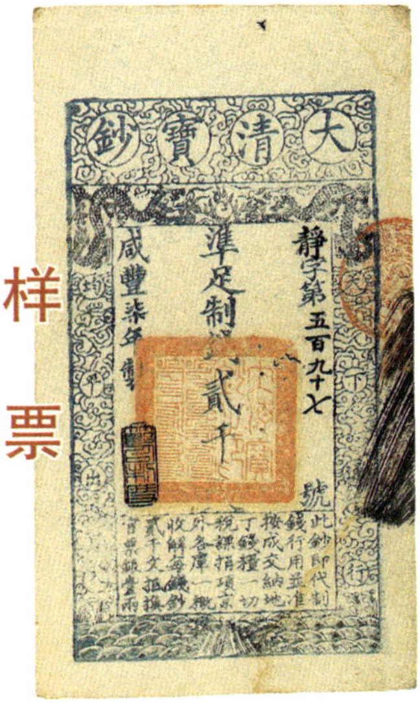

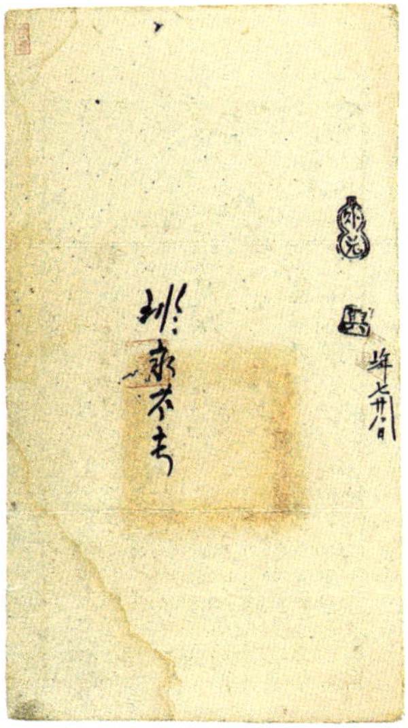

收藏指数：★★

投资指数：★

市场前景：★

咸丰八年（1858 年）·大清宝钞壹千文

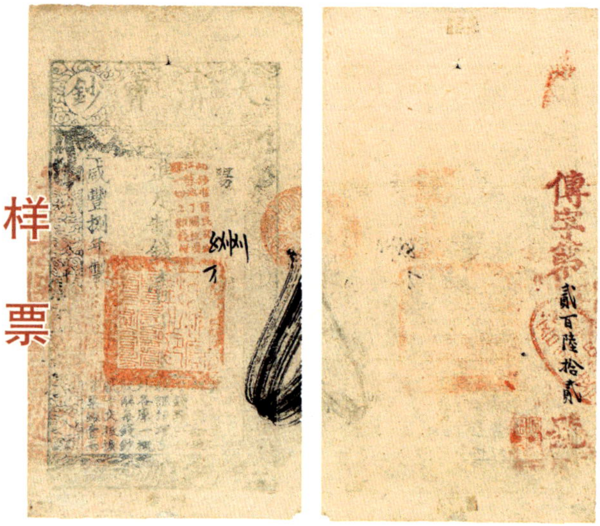

收藏指数：★★

投资指数：★

市场前景：★

咸丰八年·大清宝钞贰千文

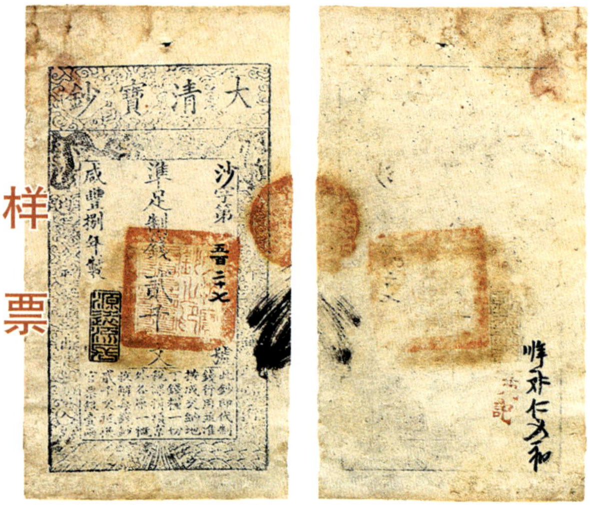

收藏指数：★★

投资指数：★★

市场前景：★

光绪三年（1877 年）· 护票

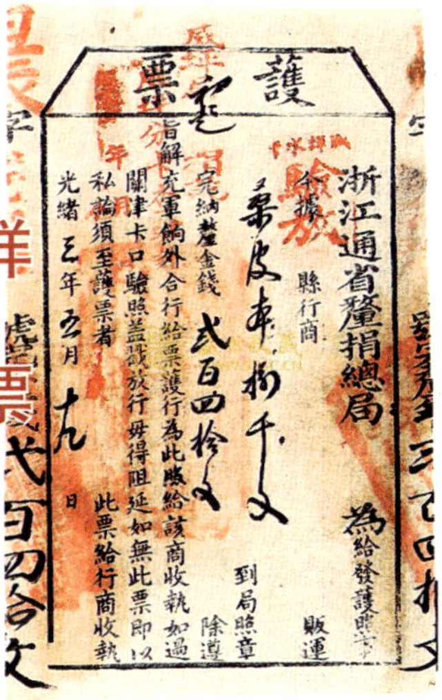

样票

收藏指数：★★★★

投资指数：★★

市场前景：★★

光绪二十一年（1895 年）· 台南官银票壹大员

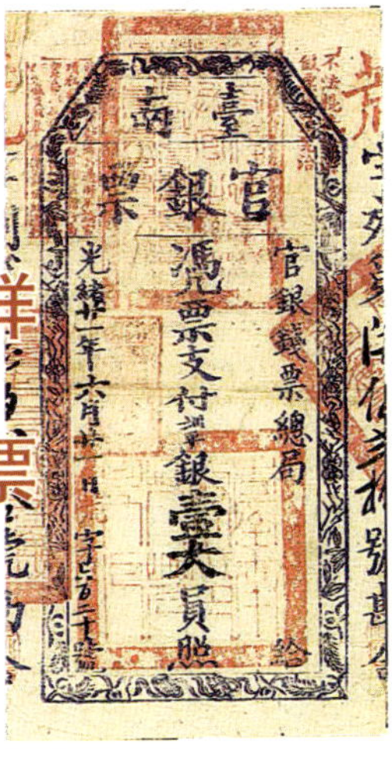

样票

收藏指数：★★★★

投资指数：★★

市场前景：★★

光绪二十四年（1898 年）· 山海关内外铁路局壹圆

样票

收藏指数：★★★

投资指数：★

市场前景：★

光绪二十四年 · 中国通商银行上海通用银两壹两

样票

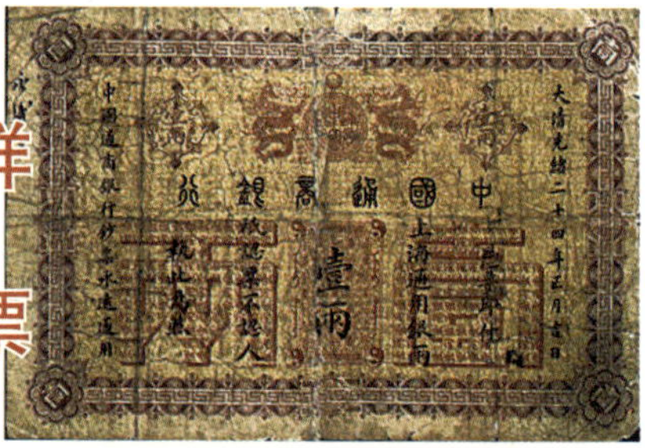

收藏指数：★★★★

投资指数：★

市场前景：★

光绪二十四年·中国通商银行上海通用银两伍两

样票

收藏指数：★★★

投资指数：★★

市场前景：★★

光绪二十四年·中国通商银行上海通用银两拾两

样票

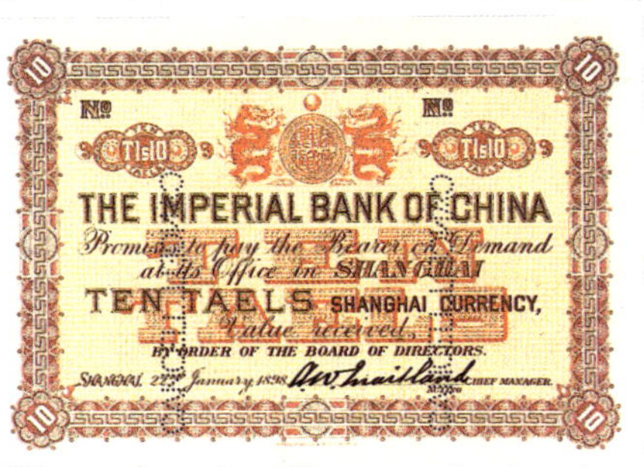

收藏指数：★★★

投资指数：★★

市场前景：★★

光绪三十二年（1906 年）·大清户部银行兑换券天津伍圆

样票

收藏指数：★★

投资指数：★★

市场前景：★★

光绪三十二年·大清户部银行兑换券天津改开封通用伍圆

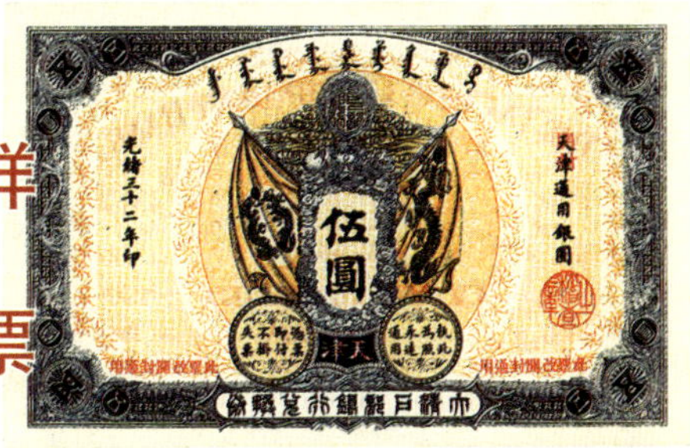

收藏指数：★★★

投资指数：★★

市场前景：★★

光绪三十二年·江西官银钱总号壹千文

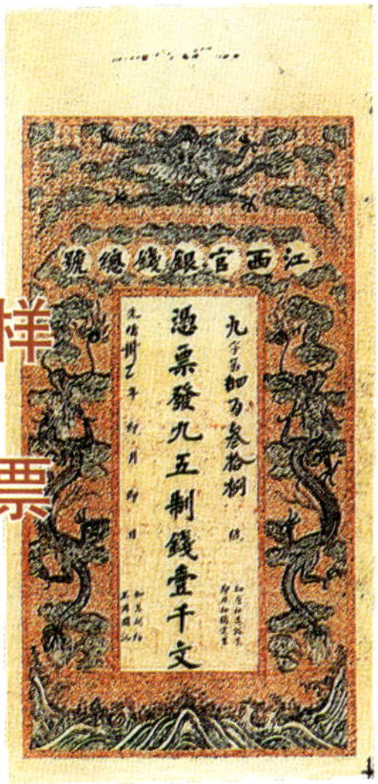

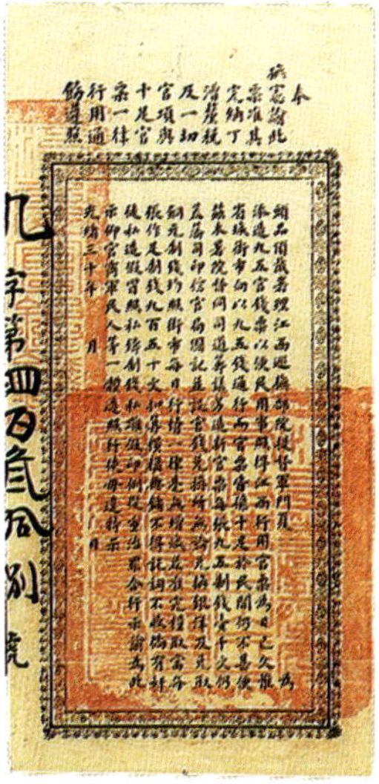

收藏指数：★★★★

投资指数：★★★

市场前景：★★★

光绪三十二年·台湾银行福州番银壹员

样票

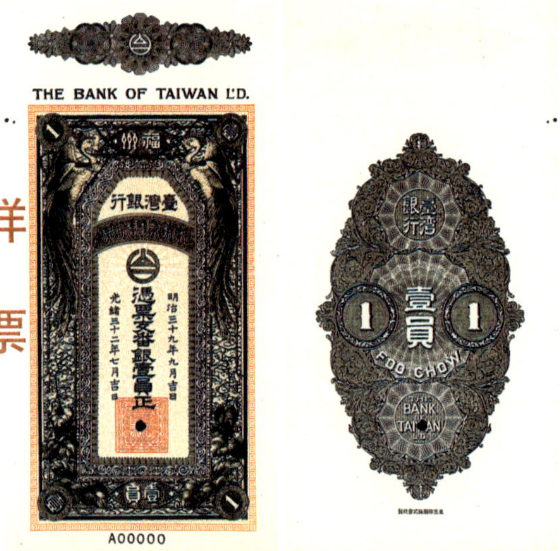

收藏指数：★★★★★

投资指数：★★

市场前景：★★

光绪三十三年（1907年）·大清银行户部兑换券汉口壹圆

样票

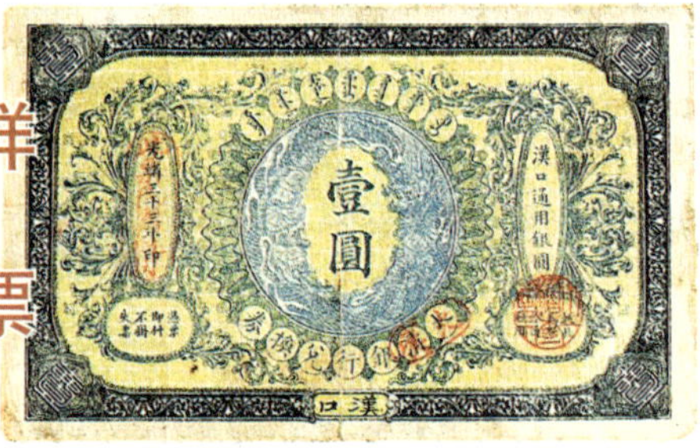

收藏指数：★

投资指数：★

市场前景：★

光绪三十三年·华商上海信成银行上海通用银元壹元

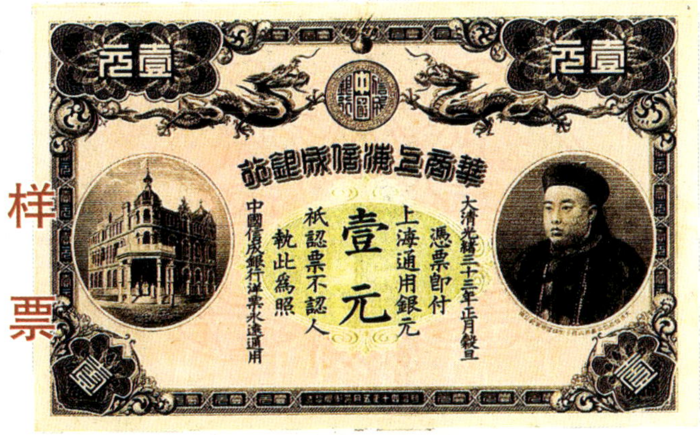

收藏指数：★★

投资指数：★

市场前景：★

光绪三十三年·江西官银钱总号壹佰两

收藏指数：★★★

投资指数：★★

市场前景：★★

样票

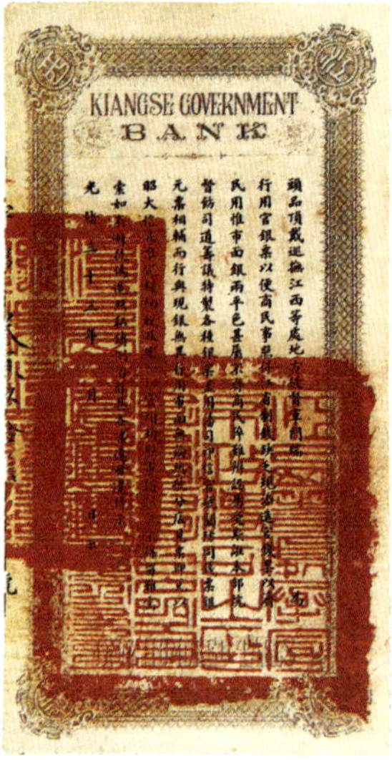

光绪三十三年·江西官银钱总银号圆票壹圆

收藏指数：★★★

投资指数：★★

市场前景：★

样票

光绪三十四年（1908 年）·上海和兰银行拾圆

样票

收藏指数：★★★

投资指数：★★

市场前景：★★

光绪三十四年·天津万义川银号拾圆

样票

收藏指数：★★★

投资指数：★★

市场前景：★★

光绪三十四年·吉林官钱局银元票龙洋壹元

样票

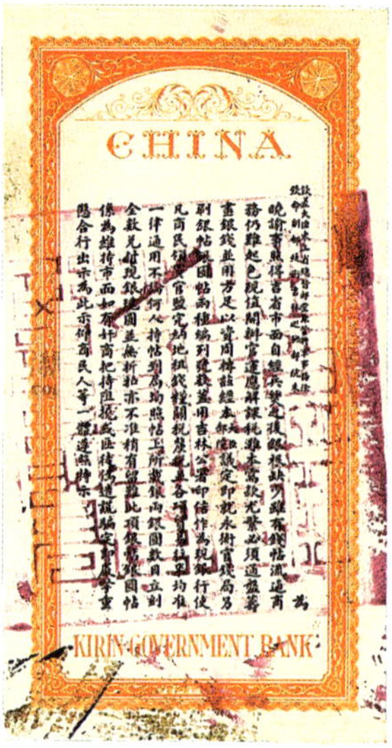

收藏指数：★★

投资指数：★★

市场前景：★★

光绪三十四年·信义储蓄银行当拾圆壹佰枚

样票

收藏指数：★★★

投资指数：★★

市场前景：★★

光绪三十四年·湖北官钱局壹串文

样票

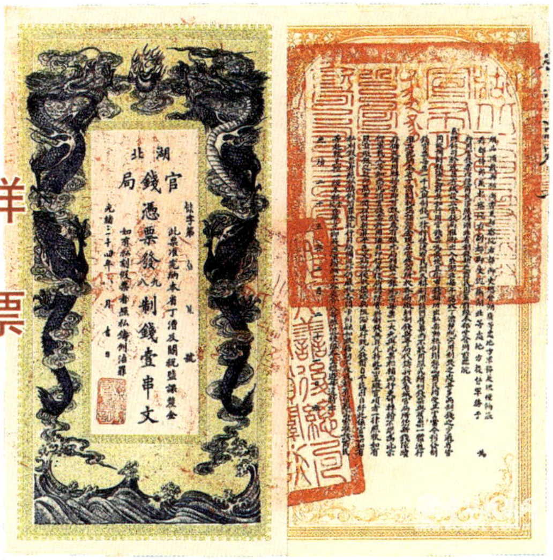

收藏指数：★★★

投资指数：★★

市场前景：★★★

宣统元年（1909年）·驻津吉林官银号拾圆

收藏指数：★★★★★

投资指数：★★★★

市场前景：★★★★

样票

宣统元年·东三省官银号拾角

样票

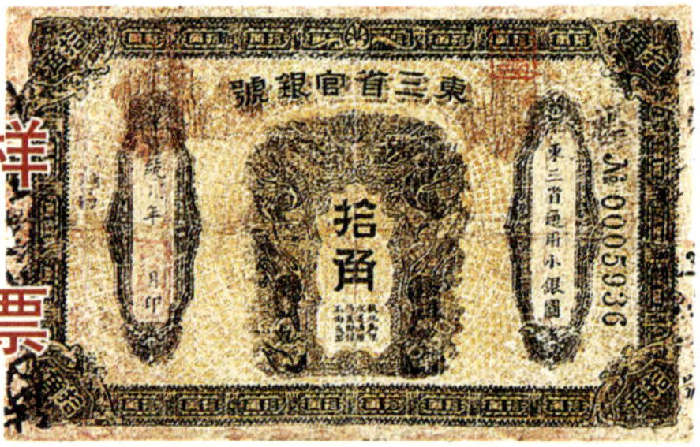

收藏指数：★★

投资指数：★★

市场前景：★★

宣统元年·上海四明银行伍圆

样票

收藏指数：★★★

投资指数：★★

市场前景：★★

宣统元年·北京泰兴银号银票壹圆

样票

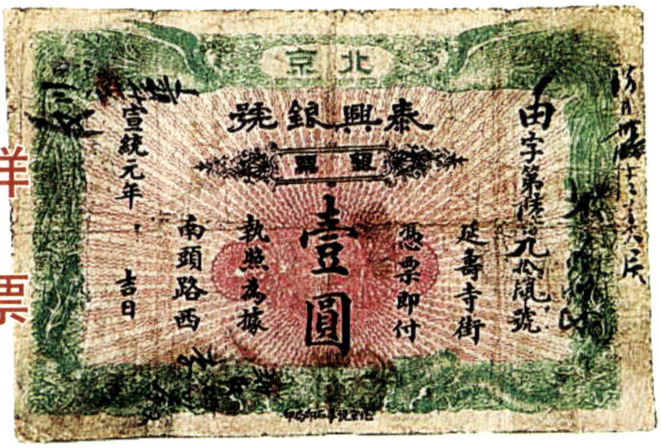

收藏指数：★★

投资指数：★

市场前景：★

清·载沣像大清银行兑换券全套

载沣像大清银行兑换券系列的面值分壹圆、伍圆、拾圆、壹百圆四种。正面左侧为醇亲王载沣半身肖像。正面中央以龙、海图案为主景，下侧辅景分别是：壹圆券为大海帆船；伍圆券为八骏骑士；拾圆券为宏伟长城；壹百圆券为农夫耕地。壹圆、伍圆、拾圆正面的阿拉伯数字前加有美元符号。

收藏指数：★★★★★

投资指数：★★★★

市场前景：★★★

样票

第三章

——民国纸币

纸 币

Paper money

民国纸币

清朝末期和民国初期，由于社会动荡不安，缺乏统一标准，因此纸币也极其混乱。这个时期，新旧纸币交错并存，政府、地方政权、私人以及外商发行的各类纸币同时通行。总的来说，民国纸币的发展可分为三个阶段。

1. 辛亥革命以后至 1935 年，国家银行、地方银行、商业银行、外资银行都各自发行纸币，多种纸币同时通行。因为纸币的发行权分散，导致纸币的发行

金币券·壹拾圆

中华民国金币券是美洲洪门筹饷局所发行的革命债券，图案由孙中山先生亲自设计，充分体现了孙中山先生先进的金融思想和文化理念。中华民国金币券共有壹拾圆、壹百圆、壹千圆三种面额，印刷精美，票券正面颜色为墨绿色，背面为黄褐色。其中壹拾圆券长 19.5 厘米、宽 8 厘米；壹百圆券长 20.5 厘米、宽 9.5 厘米；壹千圆券长 22.5 厘米、宽 10.5 厘米。这三种中华民国金币券除面值、尺寸大小不同外，文字、图案、花纹的设计均一致。

金币券·壹百圆

和流通呈现出复杂混乱的局面，严重影响社会经济的发展。

2.1935—1942 年，这个时期，国民政府开始实行货币政策。中央收回纸币发行权，只集中于中国银行、交通银行、中央银行和中国农民银行。

3.1942 年 7 月以后，纸币的发行权归中央银行，市场上主要流通中央银行发行的纸币，不过个别省银行还是在这一时期发行了地方流通券。

国家银行纸币

民国元年（1912 年），各地“大清银行”统一更名为“中国银行”，其总行设在北京。与此同时，民国政府还制定了新的《中国银行则例》，规定其享有代理国库、经理和募集公债、特准发行钞票、铸造银币等权力。这个时候的中国银行，虽无中央银行名义，可是事实上已是中央银行。中国银行在全国各省份设有分行，并发行国币券、兑换券、小银行券、铜元券等。

交通银行仍沿用旧名，开始发行银两券、国币券、辅助券、小银行券、铜币券五种钞票。总的来说，中国银行、交通银行、以及后来的中央银行都是以资本为主的银行，前两者更是北洋军阀政府的两大经济支柱。

后来，蒋介石还亲自创办了中国农民银行，并赋予其军事护照和军用交通特权的权利。中国农民银行的总行设在上海，分行遍布全国各地。

民国元年（1912年）·中国银行兑换券广东伍圆

收藏指数：★★

投资指数：★

市场前景：★

民国元年·中国银行兑换券广东拾圆

样票

收藏指数：★★★

投资指数：★★

市场前景：★

民国元年·中国银行兑换券上海壹圆

样票

收藏指数：★★

投资指数：★

市场前景：★

民国元年·中国银行兑换券云南壹圆

收藏指数：★★

投资指数：★

市场前景：★

民国元年·中国银行兑换券东三省通用壹圆

收藏指数：★

投资指数：★

市场前景：★

民国元年·交通银行天津拾圆

样票

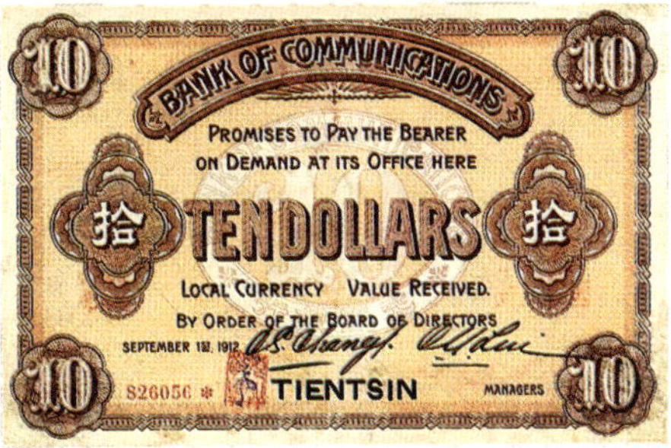

收藏指数：★★★

投资指数：★★★

市场前景：★★★

民国元年·交通银行太原伍圆

样票

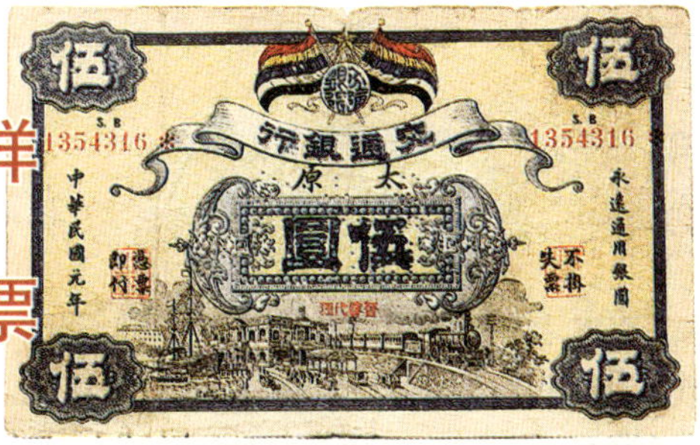

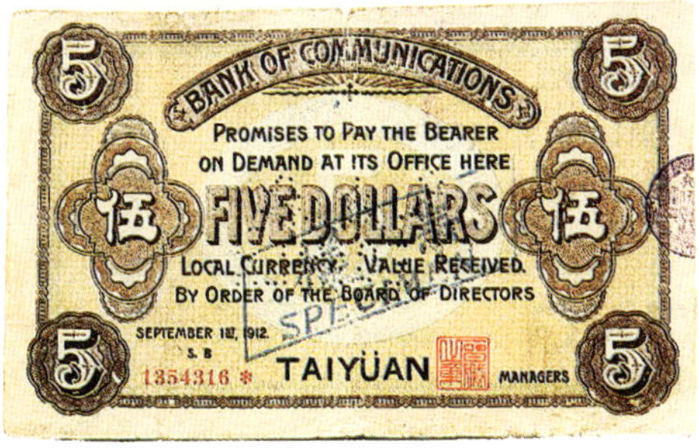

收藏指数：★★★

投资指数：★★

市场前景：★★

民国元年·交通银行北京壹圆

收藏指数：★★★

投资指数：★

市场前景：★★

样票

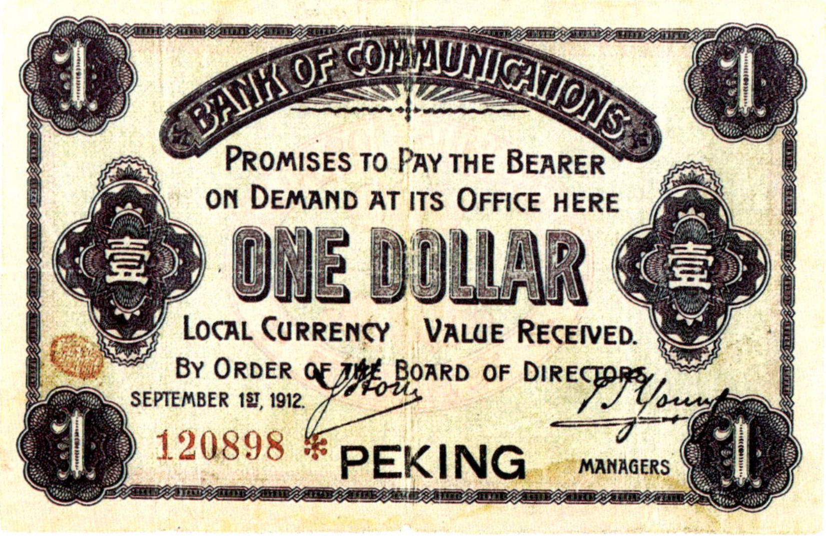

民国二年（1913 年）· 中国银行兑换券广东壹圆

收藏指数：★

投资指数：★

市场前景：★

民国三年（1914 年）· 中国银行小银元券东三省贰角、伍角

收藏指数：★

投资指数：★

市场前景：★

民国三年·中国银行伍圆

样票

收藏指数：★★

投资指数：★★

市场前景：★★

民国三年·中国银行拾圆

样票

收藏指数：★★

投资指数：★★

市场前景：★★

民国三年·交通银行天津壹圆

收藏指数：★★★

投资指数：★

市场前景：★

民国三年·交通银行伍角

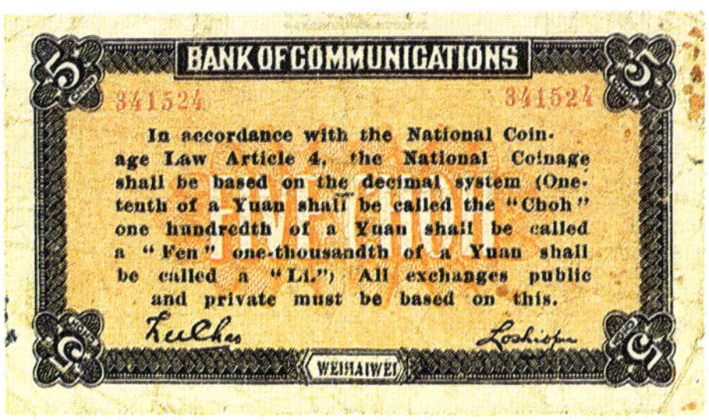

收藏指数：★★

投资指数：★

市场前景：★

民国三年·交通银行上海拾圆

样票

收藏指数：★

投资指数：★

市场前景：★

民国三年·交通银行重庆伍拾圆

样票

收藏指数：★★

投资指数：★★

市场前景：★

民国四年（1915 年）·中国银行小银元券壹圆

样票

收藏指数：★

投资指数：★

市场前景：★

民国四年·交通银行长春拾角

样票

收藏指数：★★

投资指数：★★

市场前景：★

民国六年（1917 年）· 中国银行兑换券山东青岛壹角

样票

收藏指数：★

投资指数：★

市场前景：★

民国七年（1918 年）· 中国银行上海伍圆

样票

收藏指数：★

投资指数：★

市场前景：★

民国八年（1919年）· 中国银行东三省哈尔滨国币券纸币错体壹圆

样票

收藏指数：★★★

投资指数：★

市场前景：★

民国八年·交通银行哈尔滨壹圆

样票

收藏指数：★★

投资指数：★★

市场前景：★

民国十二年（1923 年）·交通银行奉天壹圆

收藏指数：★★

投资指数：★★

市场前景：★★

民国十二年·中央银行伍圆

样票

收藏指数：★★★

投资指数：★★

市场前景：★

民国十二年·中央银行拾圆

样票

收藏指数：★★★

投资指数：★★

市场前景：★★

民国十三年（1924 年）· 交通银行上海贰拾圆

样票

收藏指数：★★

投资指数：★

市场前景：★

民国十五年（1926 年）· 中央银行临时兑换券拾圆

样票

收藏指数：★★★

投资指数：★★

市场前景：★★

民国十六年（1927 年）·交通银行天津壹圆

样票

收藏指数：★★

投资指数：★

市场前景：★

民国十七年（1928 年）·中央银行上海拾圆

样票

收藏指数：★

投资指数：★

市场前景：★

民国二十五年（1936 年）·中央银行壹百圆

收藏指数：★

投资指数：★

市场前景：★

民国二十五年·中央银行伍百圆

收藏指数：★★

投资指数：★

市场前景：★

民国二十九年（1940 年）·中国银行贰拾伍圆

样票

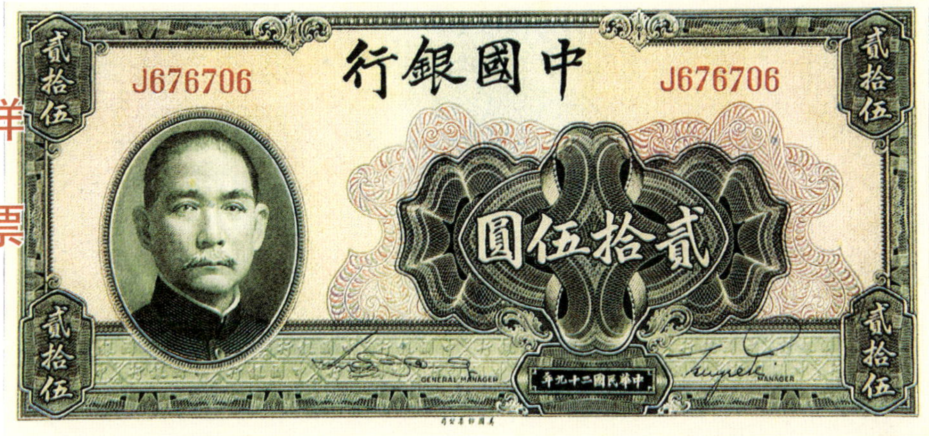

收藏指数：★★

投资指数：★★

市场前景：★

民国二十九年·中国银行重庆伍拾圆

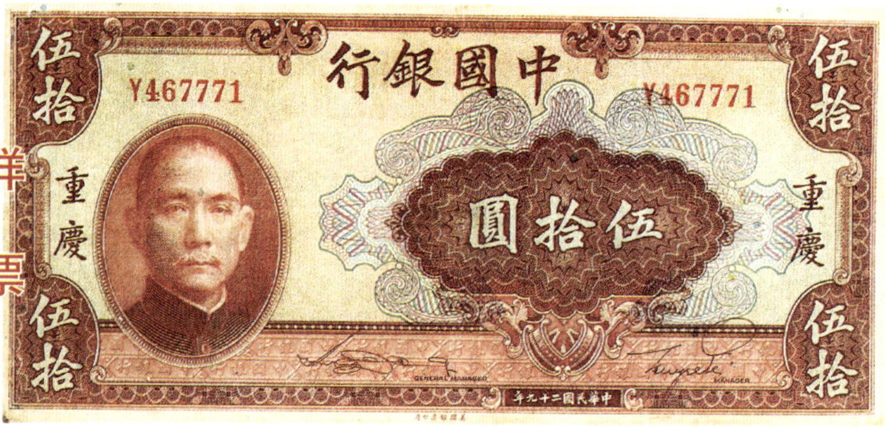

样票

民国二十九年·中国农民银行拾圆

样票

收藏指数：★★

投资指数：★★

市场前景：★

收藏指数：★★

投资指数：★★

市场前景：★

民国三十年（1941年）·交通银行伍圆

收藏指数：★

投资指数：★

市场前景：★

民国三十年·中央银行伍拾圆

收藏指数：★

投资指数：★

市场前景：★

民国三十年·中国银行壹毫

样票

收藏指数：★★★

投资指数：★★★

市场前景：★★

民国三十一年（1942 年）·中央银行壹仟圆

样票

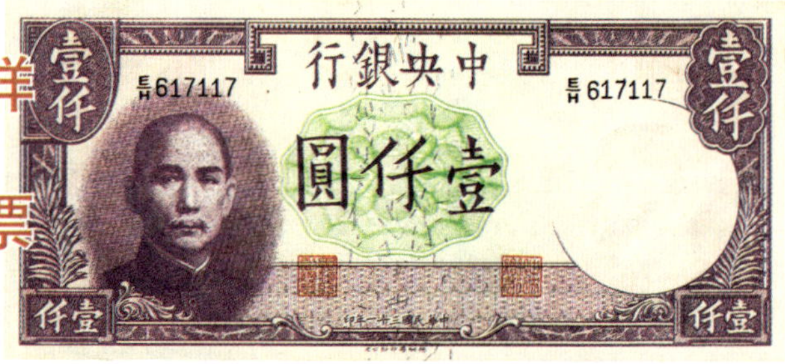

收藏指数：★★

投资指数：★

市场前景：★

民国三十三年（1944 年）· 中央银行伍佰圆

样票

收藏指数：★★

投资指数：★★

市场前景：★

民国三十四年（1945 年）·中央银行伍仟圆

样票

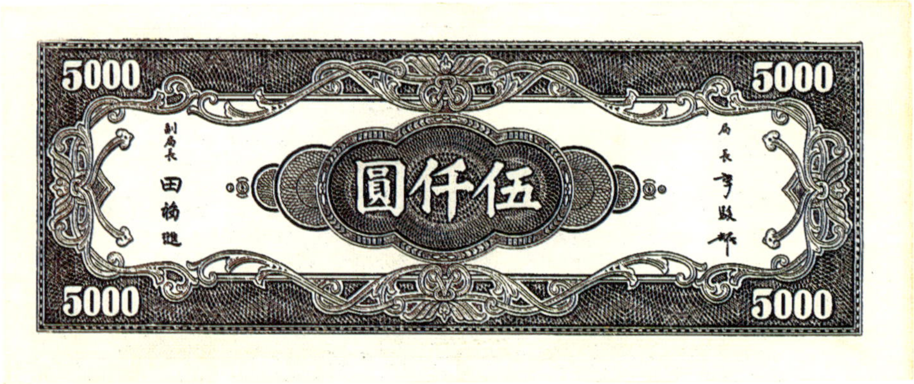

收藏指数：★★

投资指数：★

市场前景：★

民国三十六年（1947 年）·中央银行关金壹佰圆

收藏指数：★★★★★

投资指数：★★★★

市场前景：★★★★

民国三十七年（1948 年）·中央银行关金壹萬圆

收藏指数：★★★★

投资指数：★★★

市场前景：★★

民国三十八年（1949 年）· 中央银行金圆券伍佰萬圆

样票

收藏指数：★★

投资指数：★

市场前景：★

地方纸币

由于战乱、社会动荡等诸多原因，1935 年以前全国纸币并不统一，国家银行发行的纸币均分区流通，各省的地方银行发行的纸币也大部分限制流通，因此钱币上都印有地名。其中纸币上印有的最常见的地名是上海、天津、山东、哈尔滨、奉天、汉口、西安、重庆、浙江、江苏、厦门等。

发行纸币的时候，由于考虑到分区发行，因此在同一种纸币上不同地名券的底纹、颜色等均有区别。发行时，把印好的同一种纸币临时加盖上地名，然后作为区域性流通纸币。其中以加盖市、县名称最为常见，如交通银行民国

民国 · 河南省银行加盖改为“湖北通用现洋”壹圆

十六年（1927年）版的山东地名券，可临时再加盖龙口、青岛、济南、威海卫、烟台等市、县名，然后被各个地方使用。如广西银行民国元年（1912年）版的纸币上加盖有桂林、梧州、龙州、郁林、南宁、柳州六种地名。山西省银行民国十九年（1930年）版纸币上加盖的地名最为复杂，有太原、阳泉、文水、洪洞、长治、运城等，多达二十七八种。这些盖有地方名的纸币，一般情况下不能跨区域流通。

民国元年·安徽中华银行壹圆

收藏指数：★★★

投资指数：★★

市场前景：★

民国元年·镇江通惠银号镇江通用银圆壹圆

样票

收藏指数：★★

投资指数：★

市场前景：★

收藏指数：★★

投资指数：★

市场前景：★

民国元年·镇江通惠银号镇江通用银圆伍圆

样票

民国元年·湖南银行壹两

样票

收藏指数：★★

投资指数：★

市场前景：★

民国元年·湖南银行壹圆

样票

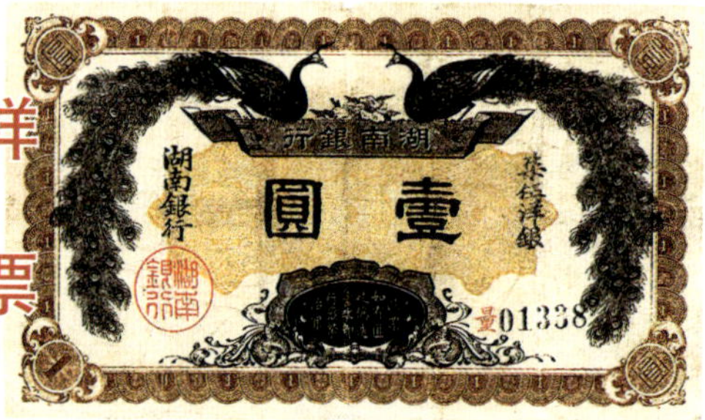

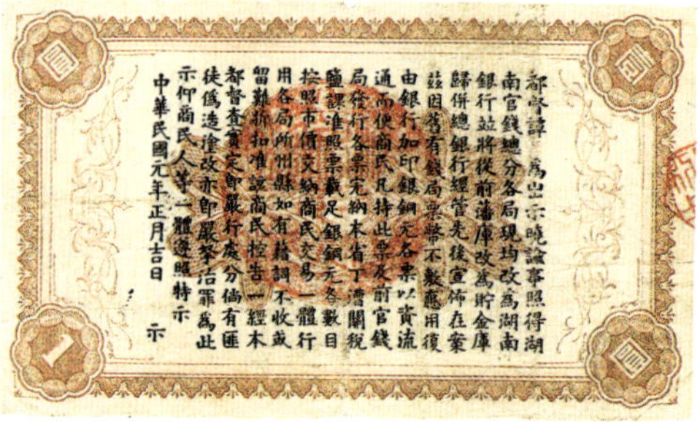

收藏指数：★★

投资指数：★

市场前景：★

民国二年·江苏银行兑换券伍圆

收藏指数：★★

投资指数：★★

市场前景：★

民国二年·江苏银行兑换券拾圆

收藏指数：★★

投资指数：★★

市场前景：★

民国五年·江西银行兑换券壹圆、拾圆

样票

样票

收藏指数：★★

投资指数：★

市场前景：★

民国七年·广东省银行兑换券壹圆

收藏指数：★★

投资指数：★

市场前景：★

民国十一年·广西银行贰圆、伍圆

样票

样票

收藏指数：★

投资指数：★

市场前景：★

民国十一年·桂林地方银行贰圆

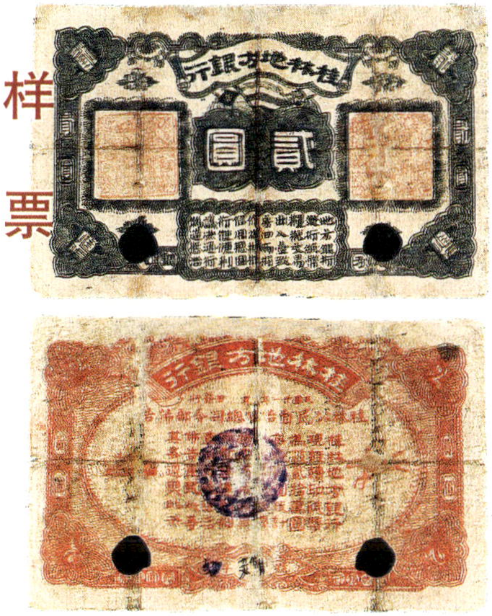

收藏指数：★★

投资指数：★★

市场前景：★

民国十一年·河南银行伍圆

收藏指数：★★

投资指数：★★

市场前景：★

民国十一年·北京农商银行拾圆

样
票

收藏指数：★★

投资指数：★

市场前景：★

民国十二年·广东省金库券拾圆

样
票

收藏指数：★★

投资指数：★★

市场前景：★★

民国十三年·蒙藏银行天津壹角、贰角

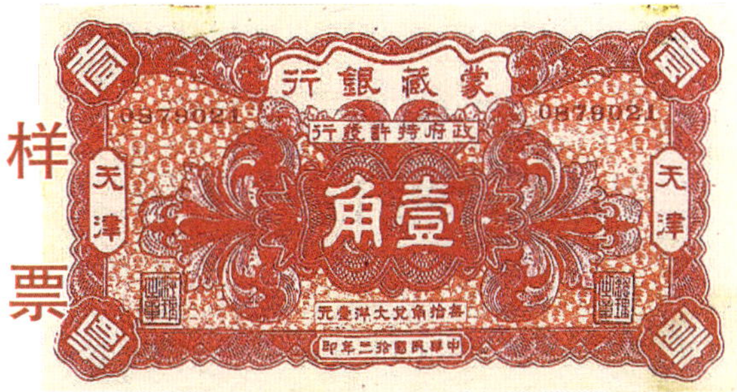

收藏指数：★

投资指数：★

市场前景：★

民国十四年·山东省银行铜元伍吊文

收藏指数：★★

投资指数：★★

市场前景：★

民国十五年·山东省金库券伍圆、拾圆

样票

样票

收藏指数：★★

投资指数：★★

市场前景：★

民国十七年·广西省银行贰拾伍圆

样票

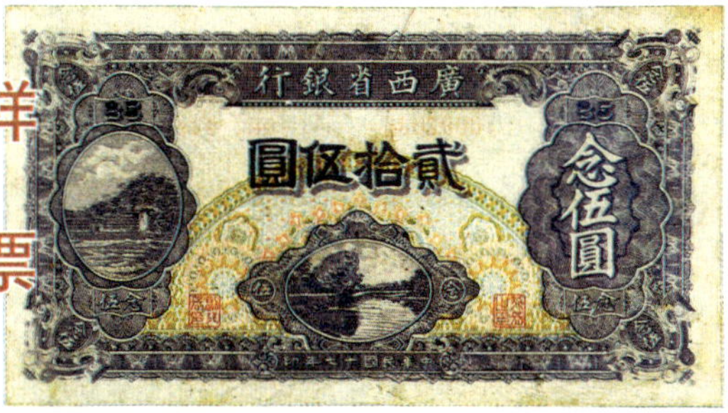

收藏指数：★★★

投资指数：★★

市场前景：★★

民国十八年·广西省银行壹圆

样票

收藏指数：★★

投资指数：★★

市场前景：★

民国十八年·广西省银行梧州壹圆

样票

收藏指数：★

投资指数：★

市场前景：★

民国二十年·广州市市立银行壹毫、伍拾圆

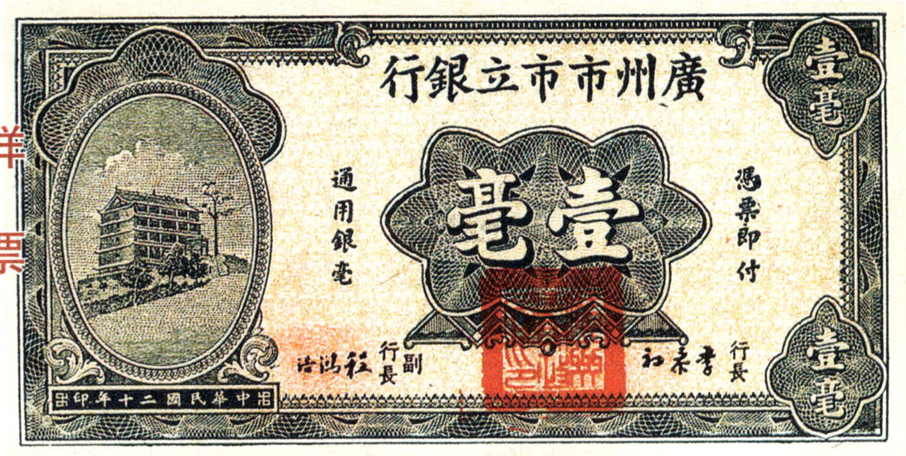

样票

样票

收藏指数：★

投资指数：★

市场前景：★

民国二十二年·豫鄂皖赣四省农民银行壹圆

收藏指数：★★

投资指数：★

市场前景：★

民国二十二年・云南富滇新银行铜元伍仙

收藏指数：★★

投资指数：★★

市场前景：★★

民国二十四年・广东省银行大洋壹角、贰角

收藏指数：★

投资指数：★

市场前景：★

民国二十七年·广西农民银行农产证券壹圆、伍圆

收藏指数：★★

投资指数：★

市场前景：★

民国二十八年·（山西）隰县地方兑换券伍角

收藏指数：★★

投资指数：★★

市场前景：★★

民国二十八年·西康省银行半圆

收藏指数：★★

投资指数：★★

市场前景：★★

样票

收藏指数：★★

投资指数：★★

市场前景：★★

民国二十九年·湖北省银行壹圆

样票

民国三十年·中国银行（美钞版、纸币券）壹圆

样票

收藏指数：★★

投资指数：★

市场前景：★

民国三十一年·陕甘宁边区银行壹百元

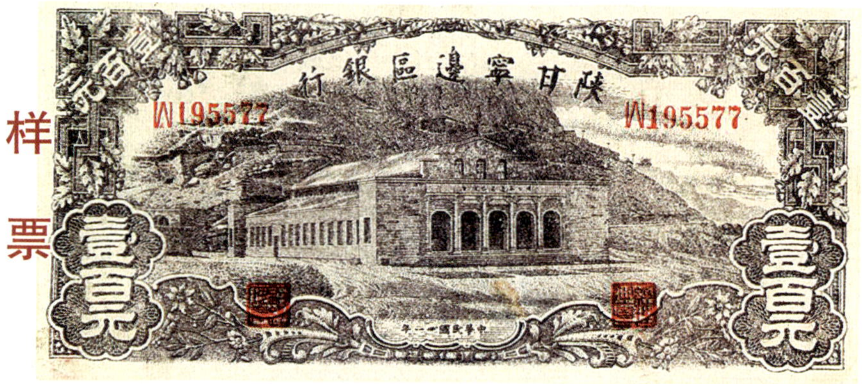

收藏指数：★★

投资指数：★★

市场前景：★

民国三十二年·鲁西银行伍拾圆、壹百圆

样票

样票

收藏指数：★★

投资指数：★

市场前景：★

民国三十三年·淮南银行拾圆

样票

收藏指数：★★★

投资指数：★★

市场前景：★★

民国三十四年·晋察冀边区银行伍圆

收藏指数：★★

投资指数：★

市场前景：★

民国三十八年·东北银行（地方）流通券拾萬圓

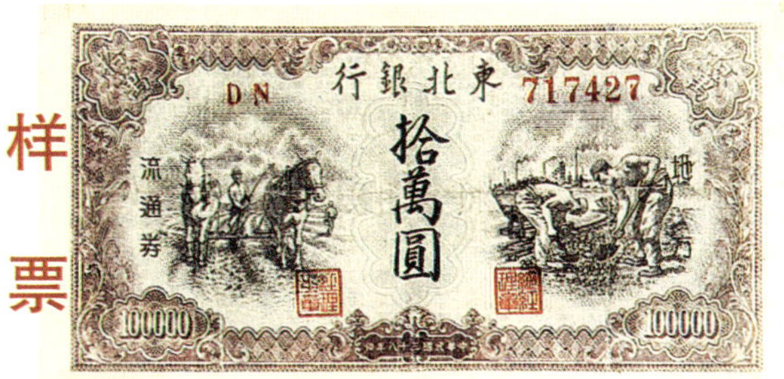

收藏指数：★★

投资指数：★★

市场前景：★

军用票

军用票是一种专为某一军事活动发行的纸币。一旦军事活动停止，相应的军用票也会停止发行，然后集中收回。因此，军用票具有发行流通时间短、区域性强的特点。

民国时期，政府军阀混战、战事不断，因此发行了很多军用票，主要有辛亥革命前后的军用票、讨阀袁世凯和平定南方战事的军用票、北洋军阀混战时期的军用票、北伐战争时期的军用票、国民党中原大战时期的军用票以及抗日战争时期的军用票等。

为了发行军用票，政府还专门设立了随军银行。这些随军银行，常常以某种名义发行军用票，然后在纸币上印军用标志。如冯玉祥设立的西北银行、中华银行在上海发行的民国军用票、张宗昌印发的山东省军用票、阎锡山的民国陆海空军总司令部战时通用票、大本营度支处发行的军用票、国民军金融流通券等，这些军用票都是专为军事活动而发行的。

还有一种军用票，上面没有任何军用标志。如在武汉国民政府期间，就出现过为集中现金渡过经济难关而利用江西银行的纸币加盖“集中现金”及“中央银行江西分行代理发行”用作军用票的情况。

有些时候，军用票和各省银行纸币常常难以区分，特别是那些没有任何军事标志或者依据可供辨别的纸币。纸币爱好者在收藏和投资这些纸币的时候就需要参考更多的资料，以便进行“身份”认证。

民国元年·陆军部发行军事用票伍圆

样票

收藏指数：★★

投资指数：★★

市场前景：★

民国元年・中华民国军用钞票上海伍元

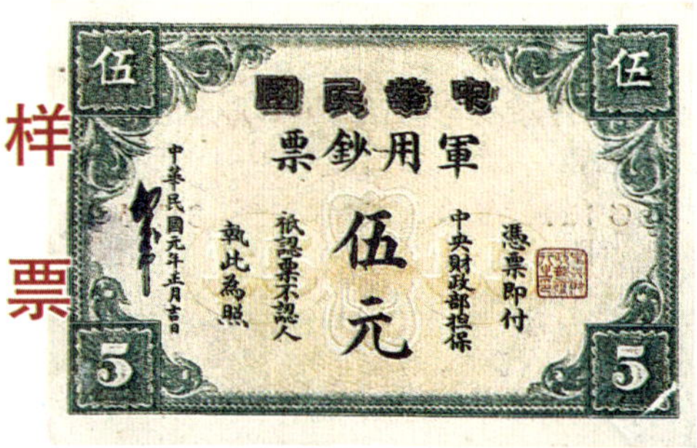

收藏指数：★★★

投资指数：★★

市场前景：★

民国元年・中华民国湖南军政府湖南筹饷公债票伍圆

收藏指数：★

投资指数：★

市场前景：★

民国十五年·山东省军用票伍圆

收藏指数：★

投资指数：★

市场前景：★

民国十五年·国民革命军总司令部军需券壹角

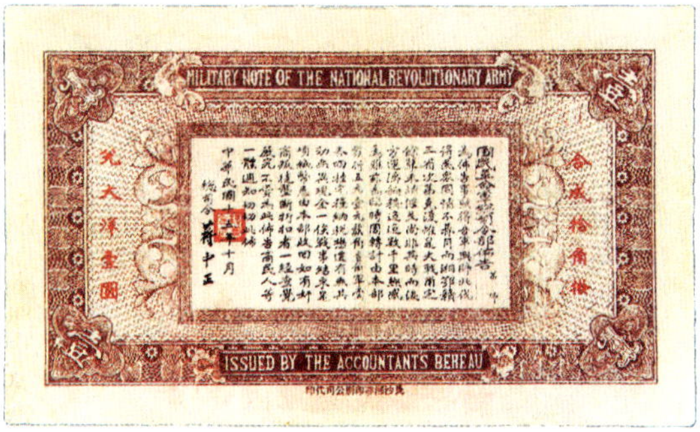

收藏指数：★★

投资指数：★★

市场前景：★

民国十五年·国民革命军总司令部军需券伍圆

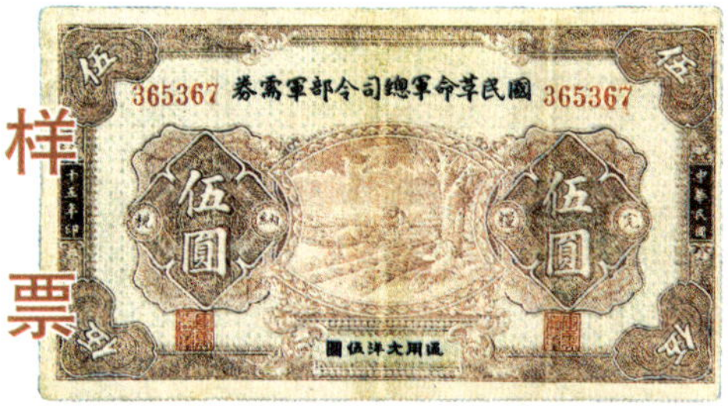

收藏指数：★★

投资指数：★★

市场前景：★

民国二十一年·辽宁民众救国会军用流通债券拾圆

收藏指数：★

投资指数：★

市场前景：★

民国二十一年 · 川陕省苏维埃政府工农银行叁串布制钞票

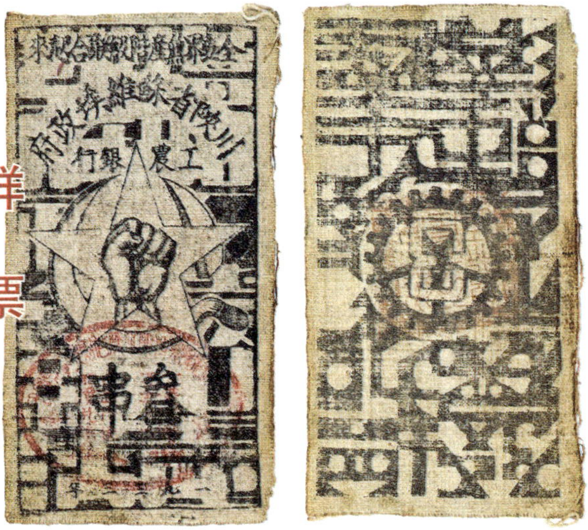

收藏指数：★

投资指数：★

市场前景：★

民国三十七年 · 中国人民解放军华东野战军军用流通券伍拾圆、壹百圆

收藏指数：★★

投资指数：★

市场前景：★

商业银行纸币

近代中国，由于受到资本主义的影响，出现了与中央银行、中国银行、交通银行相对的商业银行。这一时期，市场上主要有三大类商业银行发行的货币：西方色彩银行纸币、东方色彩银行纸币、中外合资银行纸币。

西方色彩银行纸币

通常情况下，西方色彩银行发行的货币，正面一般中、外两种文字并存，通常是既有中文行名，又有外文行名；因为发行时间不同，因此在同一版纸币上的签名也不同。西方色彩银行发行的纸币，图案多为发行国家象征性的标志，如德华银行为“鹰”、美商花旗银行的“两个半球上的鹰”、英商汇丰银行的“双狮”、华比银行的“狮和龙”等。

英商香港上海汇丰银行银元票伍拾圆

民国三年·德华银行北京壹佰圆

收藏指数：★★★

投资指数：★★

市场前景：★★

民国三年·德华银行青岛伍圆

收藏指数：★★★

投资指数：★★

市场前景：★★

民国四年・上海华俄道胜银行拾圆

样票

收藏指数：★★

投资指数：★★

市场前景：★★

民国七年・美商花旗银行上海伍圆

样票

收藏指数：★★★

投资指数：★★

市场前景：★★

民国七年·美商花旗银行上海拾两

收藏指数：★★★

投资指数：★★

市场前景：★★

民国八年·美商花旗银行上海壹圆

收藏指数：★★

投资指数：★★

市场前景：★

民国十年·印度新金山中国汇理银行上海麦加利银行拾圆

收藏指数：★★★

投资指数：★★

市场前景：★★

民国十年·华比银行汉口伍圆、拾圆

样票

收藏指数：★★

投资指数：★★

市场前景：★★

民国十二年·英商香港上海汇丰银行上海拾圆

样票

收藏指数：★★

投资指数：★★

市场前景：★

民国十三年·印度新金山中国汇理银行麦加利银行汉口伍圆

收藏指数：★★

投资指数：★

市场前景：★

民国十八年·印度新金山中国渣打银行香港拾圆

收藏指数：★★

投资指数：★★

市场前景：★

东方色彩银行纸币

和西方色彩银行发行的纸币相比，东方色彩银行发行的纸币正面只有中文行名，背面为英文或中文行名，与国内银行发行的纸币有很多相似之处。如华商上海信成银行、横滨正金银行等机构所发行的纸币。

民国元年·华商上海信成银行壹元

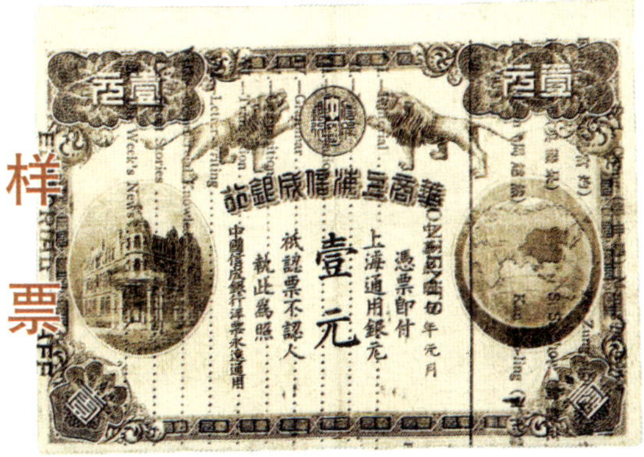

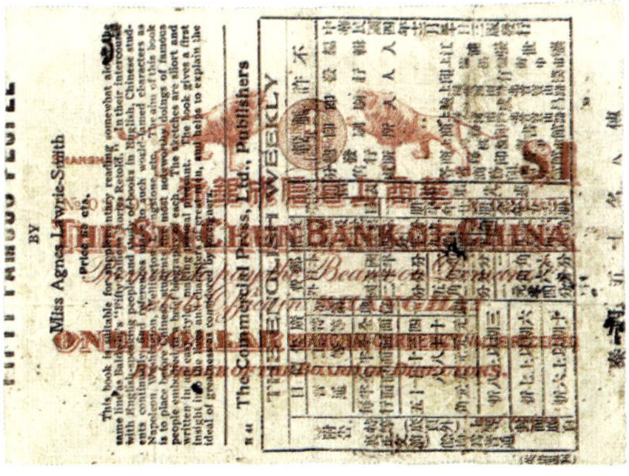

收藏指数：★★★★★

投资指数：★★★★★

市场前景：★★★★★

民国二年·英比实业银行湖南通用银币伍两

样票

收藏指数：★★

投资指数：★★

市场前景：★★

民国六年·横滨正金银行通用银圆壹圆

样票

收藏指数：★★★

投资指数：★★

市场前景：★★

中外合资银行纸币

中外合资银行发行的纸币虽然也印有代表资本主义国家的图案，如中法实业银行（中法合资）、中华汇业银行（中日合资）、华威银行（中国挪威合资）、北洋保商银行（中、日、德合资）、中法振业银行（中法合资）、福建美丰银行（中美合资）、震义银行（中意合资）、中华懋业银行（中美合资）等，但由于这些银行成立较晚，并且有部分国外资金，因此也能够把它们称为商业银行。在纸币特点上，中外合资银行发行的纸币和中国近代纸币总体没有太大的区别。

民国元年·北洋保商银行壹百两

收藏指数：★★★

投资指数：★★

市场前景：★★

样票

民国四年·中法实业银行北京拾圆

样票

收藏指数：★

投资指数：★★

市场前景：★★

民国九年·中法实业银行上海伍圆

样票

收藏指数：★★

投资指数：★

市场前景：★

民国九年·中华懋业银行上海拾圆

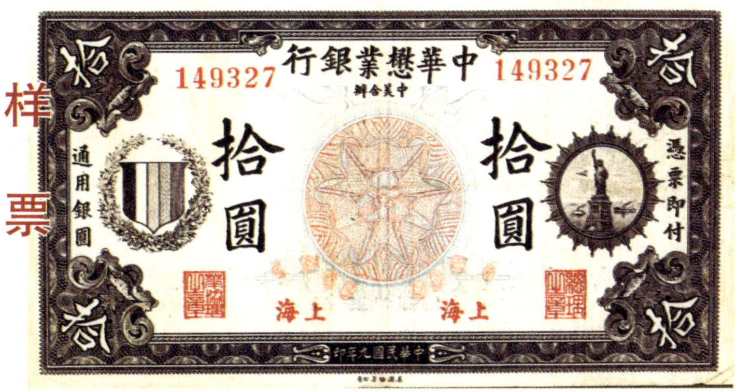

收藏指数：★★

投资指数：★★

市场前景：★

民国十年·中意合办震义银行壹圆

样票

收藏指数：★★

投资指数：★★

市场前景：★

民国十一年·福建美丰银行福州拾圆

收藏指数：★★

投资指数：★★

市场前景：★★

民国十二年·中法振业银行北京拾圆

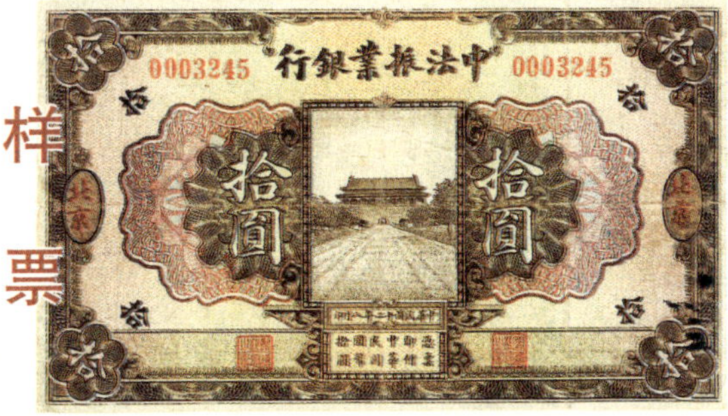

收藏指数：★★

投资指数：★★

市场前景：★

民国十四年·华威银行天津壹角、贰角

样票

样票

收藏指数：★★

投资指数：★★

市场前景：★

私钞票贴

纸币

私钞票贴是一种在清末民初由私人钱铺发行的纸币。私钞票贴可随时填写或印制有面值的票据，可以是银票或钱票。私钞票贴票式简单，主要凭印章汇兑，且规定面生不付，需有保人才能付给现金。私钞票贴种类繁多，如兑票、凭帖、信票、执照等都是私钞票贴。东华门外德昌钱铺的凭帖取二两平松江银叁拾两、德升荣的凭帖取钱仟文等这些私帖的编号都为手书，有的还没有年号，都为即期支付。后来，这种私帖被统称为“会票”，即此地取票、彼地取值的凭证，类似于今天人们使用的汇票、支票，如万春堂徐开给福顺德宝号的兑票。其实，要是严格划分，这种票券不算纸币，它的性质介于支票和流通券之间。

民国十五年·瑞昌矿物公司发款证大洋壹圆

民国八年·哈尔滨总商会临时存票壹圆、伍圆

收藏指数：★

投资指数：★

市场前景：★

民国八年·黑龙江广信公司兑换券壹圆

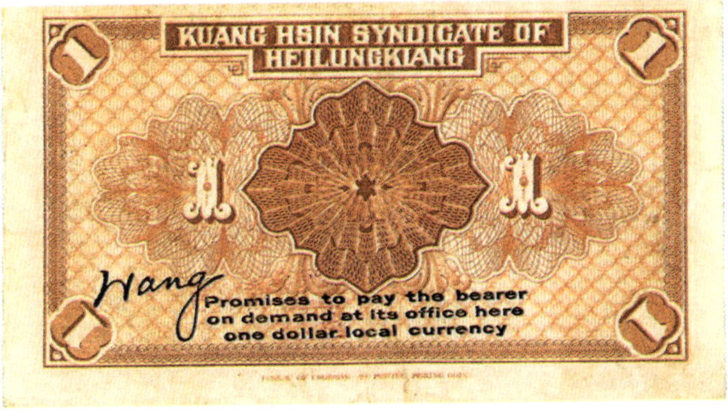

收藏指数：★★

投资指数：★

市场前景：★

民国十七年·云南个旧锡务公司储蓄证伍圆

样票

收藏指数：★★★

投资指数：★★

市场前景：★

第四章 ——当代纸币

纸币

Paper money

第一套人民币

纸币

解放战争结束前夕，北海银行、华北银行、西北农民银行于 1948 年 12 月 1 日合并为中国人民银行，并开始发行人民币。从此，人民币便成为中华人民共和国的法定货币。1948 年 12 月 1 日发行至 1955 年 5 月 10 日停止流通的人民币被称为第一套人民币。

第一套人民币共有 12 种面额、62 种版别，1 元两种、5 元四种、10 元四种、20 元七种、50 元七种、100 元十种、200 元五种、500 元六种、1000 元六种、5000 元五种、10000 元四种、50000 元两种；最小面额 1 元，最大面额 50000 元。

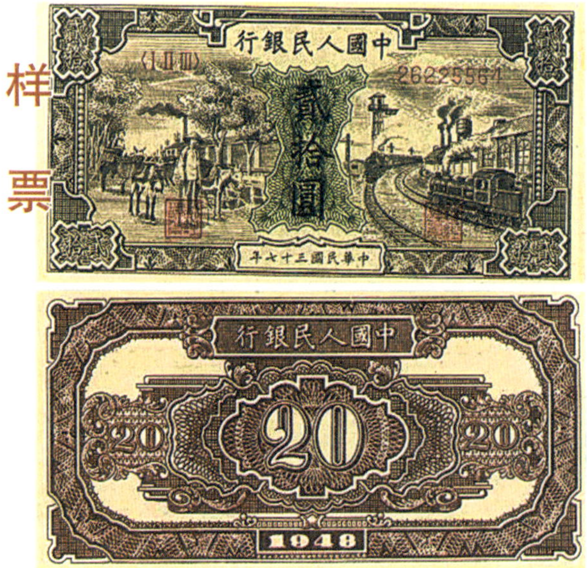

第一套人民币贰拾圆

第一套人民币贰拾圆

伴随解放战争的进程，为了适应市场、支持解放战争和满足人民的需求，发行一种全国流通的货币已成必然。

1947 年 10 月 24 日，中共中央批准华北财经会议决议，在华北、西北和华东三大解放区首先推行货币统一工作。1948 年年底，全国各解放区除中原、东北等解放区自成独立货币体系外，华北、西北和华东三大解放区完成货币统一工作。

1948 年 12 月 1 日，中共中央把华北银行、北海银行、西北农民银行合并为中国人民银行，并开始发行货币。到 1951 年年底，人民币正式成为除台湾、西藏地区以外的全国范围流通货币。

随着解放战争的节节胜利和中华人民共和国的成立，人民币的流通范围越来越大，票种也越来越多，到 1953 年 12 月，共发行了 12 种面额、62 个票种。

第一套人民币多为无水印钞纸印制，因此暗记和底纹为主要防伪手段，暗记设计形式多样，有数字、汉字、英文字母、几何图形、网纹等。第一套人民币带有鲜明的战争时代色彩，印刷粗糙，技术、工艺杂乱。

由于第一套人民币的印制前后共有大大小小 21 家新老厂家参与，因此纸币质量参差不齐、差别明显。

印刷工艺：胶印五色。

样票

第一套人民币伍萬圆

收藏指数：★

投资指数：★

市场前景：★

壹圆·工人和农民

发行时间： 1949 年 1 月 10 日

停用时间： 1955 年 5 月 10 日

票面尺寸： 113mm×54mm

字冠、号码： 三字冠、无号码

印刷工艺： 胶印三色

样票

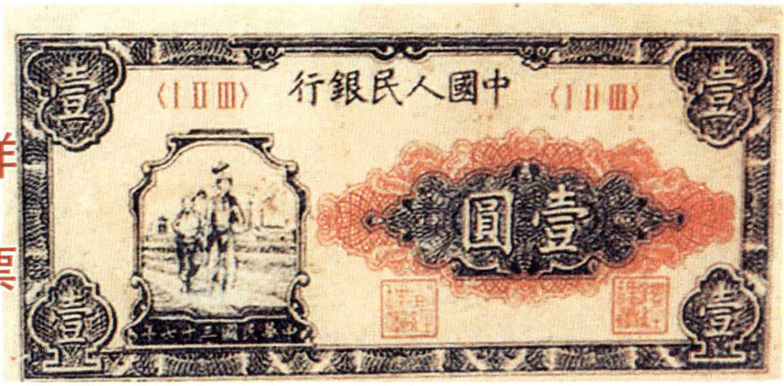

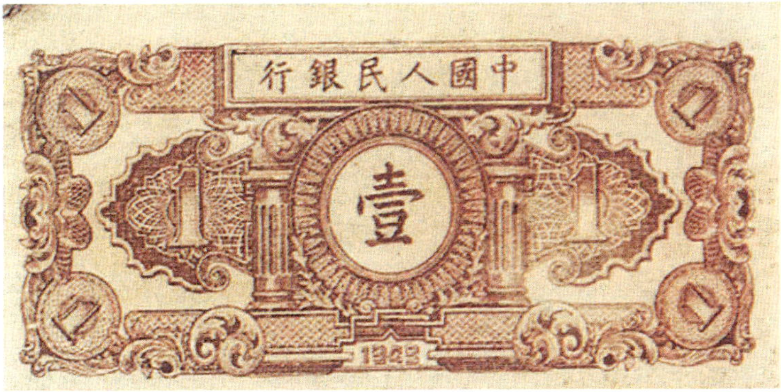

特征说明

1. 无水印。2. 无底纹。3. 暗记：正面工农图左侧有“A”。

壹圆·工厂

收藏指数：★

投资指数：★

市场前景：★

- **发行时间：**1949 年 8 月
- **停用时间：**1955 年 5 月 10 日
- **票面尺寸：**116mm × 56mm
- **字冠、号码：**三字冠、八号码
- **印刷工艺：**胶印三色

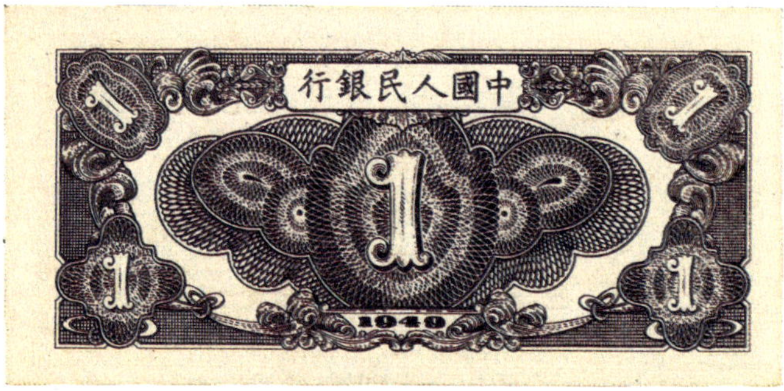

特征说明

1. 无水印。2. 底纹为曲纹。3. 暗记：正面左侧靠边框的树枝和正面左下花符与树根之间有“R”，正面右侧面值下心形内有“中”，正面左侧粗树的树杈间有“人”，正面左侧房子墙上有“2”。

收藏指数：★

投资指数：★

市场前景：★

伍圆·帆船

发行时间：1949 年 1 月 10 日

停用时间：1955 年 5 月 10 日

票面尺寸：115mm × 56mm

字冠、号码：三字冠、七号码

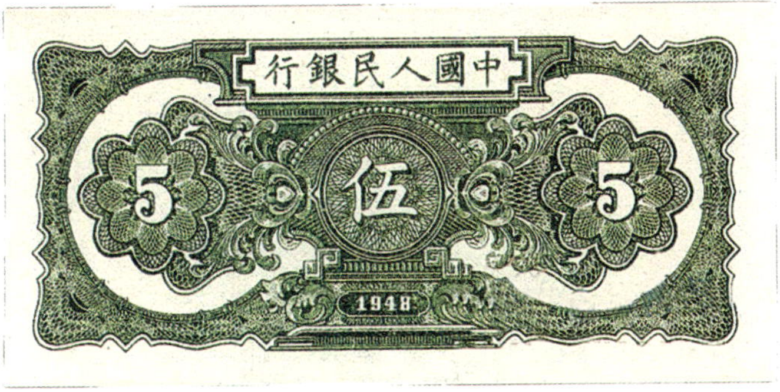

特征说明

1. 无水印。2. 底纹为曲纹。3. 暗记：正面左下角小花符右下有“Z”，正面右下角小花符左下有“中”，正面左侧帆下有“Y”。

收藏指数：★

投资指数：★

市场前景：★

伍圆·牧羊

发行时间： 1949 年 2 月 23 日

停用时间： 1955 年 5 月 10 日

票面尺寸： 117mm×56mm

字冠、号码： 三字冠、八号码

印刷工艺： 胶印三色

样票

特征说明

1. 无水印。2. 底纹为横纹。3. 暗记：正面右侧图章右下有“中”，正面右侧图章左下有“Z”，左侧花符中有“2”字。

收藏指数：★★★★

投资指数：★★★

市场前景：★★★

伍圆·水牛

发行时间： 1949 年 7 月

停用时间： 1955 年 5 月 10 日

票面尺寸： 127mm×60mm

字冠、号码： 三字冠、七号码

印刷工艺： 石印三色

样票

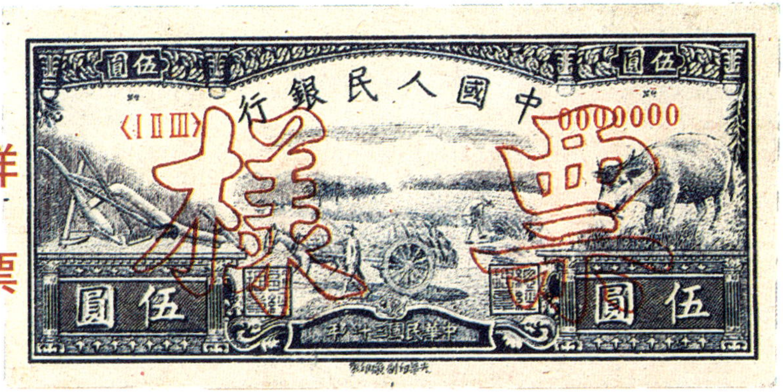

特征说明

1. 无水印，纸质差且色泽黑暗。2. 无底纹。3. 暗记：正面左右下角面额方框四周均有“解放西北”四字。

收藏指数：★

投资指数：★

市场前景：★

伍圆·织布

发行时间： 1949 年 8 月

停用时间： 1955 年 5 月 10 日

票面尺寸： 116mm×56mm

字冠、号码： 三字冠、八号码

印刷工艺： 胶印三色

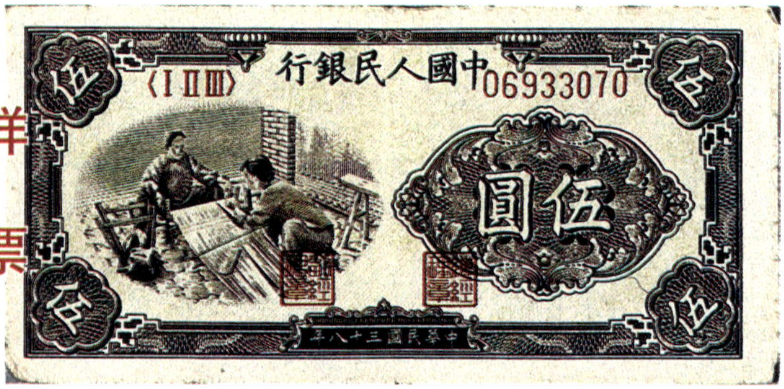

特征说明

1. 无水印。2. 底纹由“伍”“5”字样和斜曲纹线组成。3. 暗记：正面右侧面额下花心上和正面左图倒立凳腿旁有“中”，正面左图右侧凳子头上有“H”，背面右侧面值花符右上方有“人”。

收藏指数：★

投资指数：★

市场前景：★

拾圆·灌田与矿井

- 发行时间：1948 年 12 月 1 日
- 停用时间：1955 年 5 月 10 日
- 票面尺寸：121mm×63mm
- 字冠、号码：三字冠、七号码
- 印刷工艺：石印四色

样票

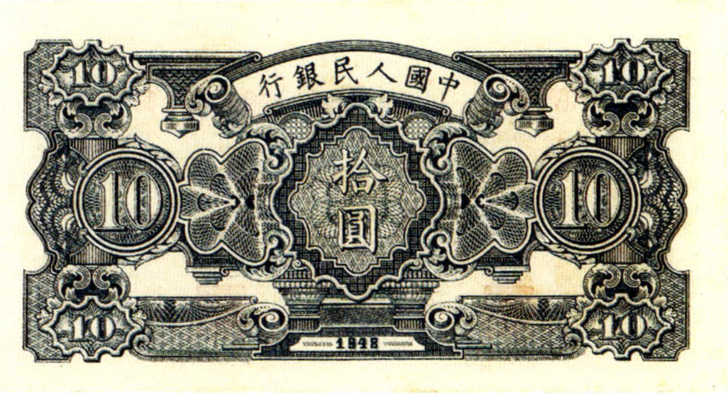

特征说明

1. 无水印。2. 底纹由“拾圆”（繁体）和禾穗组成。3. 暗记：正面右图左侧房子墙上有“W”，正面左面左图弯腰人腿后也有“W”，背面左侧面额右下有“1”，背面右侧面额下有“0”。

收藏指数：★

投资指数：★

市场前景：★

拾圆 · 锯木与犁田

发行时间： 1949 年 2 月 23 日

停用时间： 1955 年 5 月 10 日

票面尺寸： 122mm×65mm

字冠、号码： 三字冠、六号码

印刷工艺： 胶印四色

特征说明

1. 有水波纹水印，纸色黄黑。2. 底纹由“拾”“10”和浪花纹组成。3. 暗记：正面右图牛背上有“R”，正面右图右侧房墙上有“M”，背面右上角拾字中有“光”，背面左上角拾字中有“明”。

收藏指数：★★

投资指数：★

市场前景：★

拾圆·火车

发行时间： 1949 年 5 月 25 日

停用时间： 1955 年 5 月 10 日

票面尺寸： 122mm×64mm

字冠、号码： 三字冠、八号码

印刷工艺： 凸印四色

特征说明

1. 无水印。2. 底纹由“中国人民银行”(繁体)和“拾圆”(繁体)组成。3. 暗记：正面右上方面值的右下角和正面左上方面值的左下角有“中”，背面中间面值右侧有横卧的“5”，而左侧有横卧的“2”。

收藏指数：★

投资指数：★

市场前景：★

拾圆·工人与农民

发行时间： 1949 年 8 月

停用时间： 1955 年 5 月 10 日

票面尺寸： 121mm×64mm

字冠、号码： 三字冠、八号码

印刷工艺： 胶印三色

样票

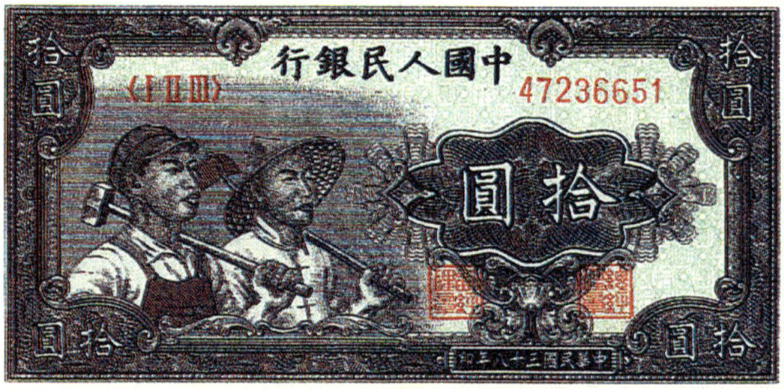

特征说明

1. 有带英文字母的水印和无水印两种钞纸，但带英文字母水印者极少。纸张颜色有白、黄之分。2. 底纹由“拾圆”(繁体)和花束组成。3. 暗记：正面左上心形花饰上有“中”，正面左侧工人胸前花符上有“共”，背面左侧树丛中有“合”，背面右上角花符上有“作”。

收藏指数：★★

投资指数：★★

市场前景：★★

贰拾圆·驴子与火车

发行时间： 1949年12月1日

停用时间： 1955年5月10日

票面尺寸： 121mm×64mm

字冠、号码： 三字冠、八号码

印刷工艺： 胶印四色

样票

特征说明

1. 无水印。2. 底纹由横线纹和花线纹组成。3. 暗记：正面左图最右边树叶上有“R”。

收藏指数：★

投资指数：★

市场前景：★

贰拾圆·推煤车

- 发行时间：1949年2月23日
- 停用时间：1955年5月10日
- 票面尺寸：120mm×64mm
- 字冠、号码：三字冠、七号码
- 印刷工艺：胶印四色

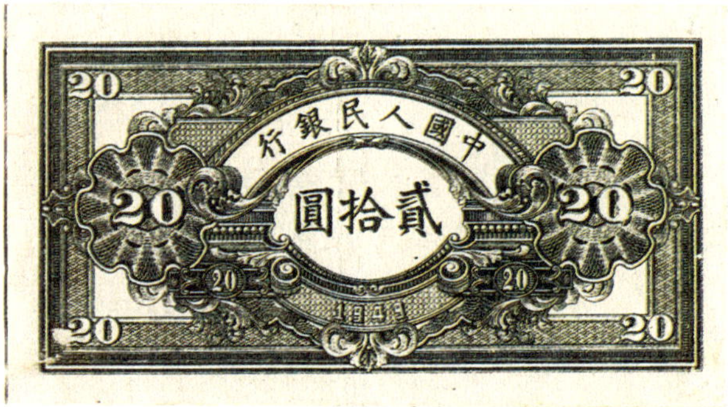

特征说明

1. 无水印。2. 底纹由“中国人民银行”（繁体）和花纹组成。3. 暗记：正面中心主图推车人身后有“C”，背面左侧花符右下有“2”，背面右侧花符左下有“0”。

收藏指数：★★

投资指数：★

市场前景：★

贰拾圆·六和塔（蓝色）

发行时间： 1949 年 7 月

停用时间： 1955 年 5 月 10 日

票面尺寸： 124mm×64mm

字冠、号码： 三字冠、六号码

印刷工艺： 石印三色

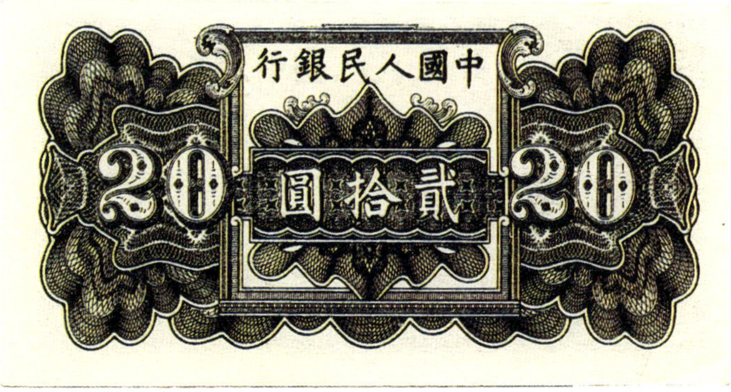

特征说明

1. 无水印。2. 底纹由“中国人民银行”（繁体）文字和花纹组成。3. 暗记：背面右侧“2”下有“人”。

收藏指数：★★

投资指数：★★

市场前景：★★

贰拾圆·六和塔（咖啡色）

- 发行时间：1949 年 10 月
- 停用时间：1955 年 5 月 10 日
- 票面尺寸：125mm×63mm
- 字冠、号码：三字冠、六号码
- 印刷工艺：石印三色

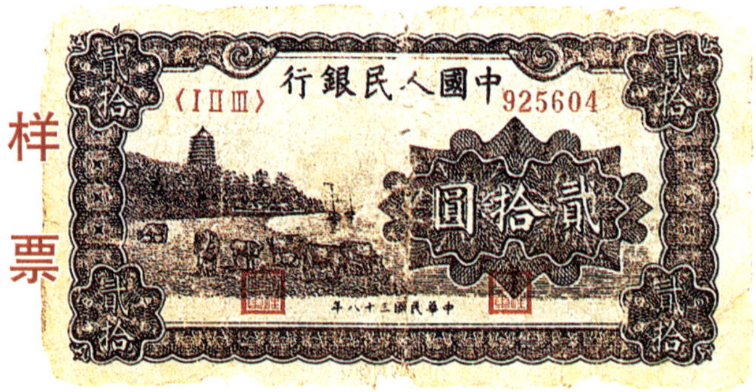

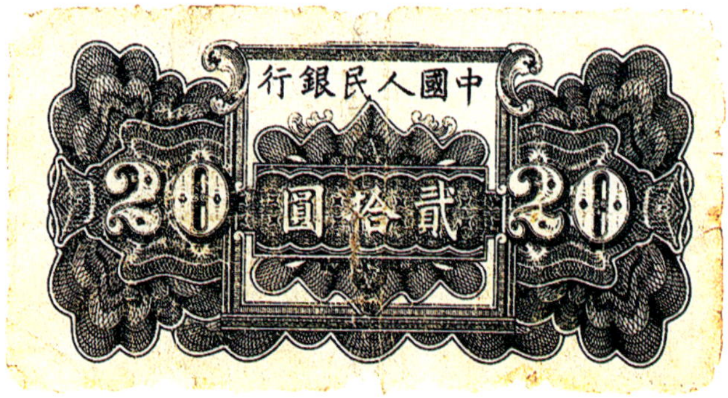

特征说明

1. 无水印。2. 底纹由“中国人民银行”（繁体）文字和花纹组成。3. 暗记：背面右侧“2”下有“人”。

收藏指数：★

投资指数：★

市场前景：★

贰拾圆·立交桥

发行时间：1949 年 8 月

停用时间：1955 年 5 月 10 日

票面尺寸：121mm×64mm

字冠、号码：三字冠、八号码

印刷工艺：胶印四色

特征说明

1. 无水印。2. 底纹由“中国人民银行”（繁体）和“贰拾圆”（繁体）及花纹组成。3. 暗记有初版和再版两套。初版：正面左侧第一桥墩下有“沪”，正面行名左边花网中有“山”；再版除上述暗记外，另增加：背面中间面值“0”中有“自”，背面行名左下花卷上有“由”。

收藏指数：★★

投资指数：★★

市场前景：★★

贰拾圆·帆船与火车

发行时间： 1949年8月

停用时间： 1955年5月10日

票面尺寸： 121mm×63mm

字冠、号码： 三字冠、八位数

印刷工艺： 凸印四色

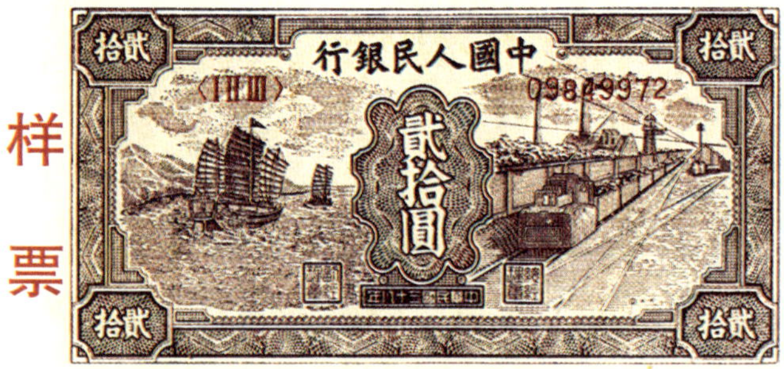

特征说明

1. 无水印。2. 底纹由“中国人民银行”（繁体）字样和花纹组成。3. 暗记：正面右侧火车头上有“R”和“C”，正面右侧火车道旁有“①”，右下角有“4.14”，年号右上有“C”，年号左上有“工”，年号左侧有“江”，右边帆船右舷有“1949”。

收藏指数：★★

投资指数：★

市场前景：★

贰拾圆·打场

- **发行时间**：1949 年 9 月
- **停用时间**：1955 年 5 月 10 日
- **票面尺寸**：120mm×62mm
- **字冠、号码**：三字冠、七号码
- **印刷工艺**：石印三色

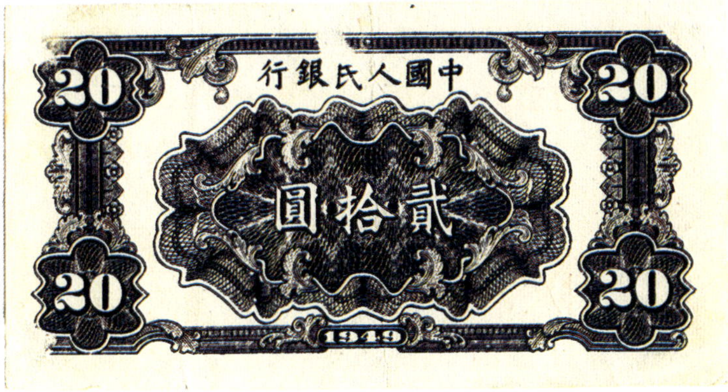

特征说明

1. 无水印。2. 底纹花环组成。3. 正面右侧两人脚下有“人”。

伍拾圆·水车与矿车

收藏指数：★★★

投资指数：★★

市场前景：★★

发行时间：1949 年 12 月 1 日

停用时间：1955 年 5 月 10 日

票面尺寸：133mm×70mm

字冠、号码：三字冠、八号码

印刷工艺：胶印五色

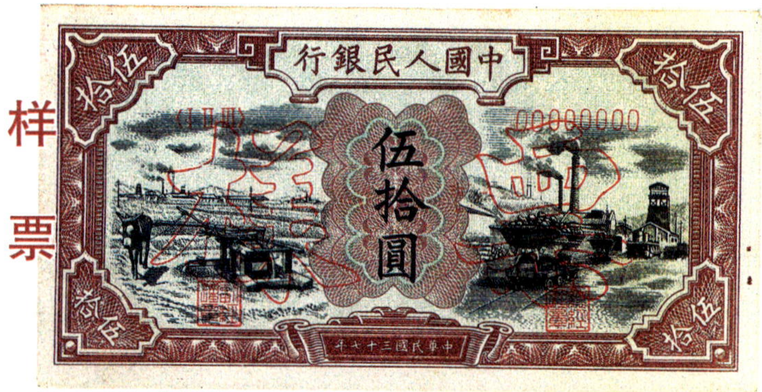

特征说明

1. 无水印。2. 底纹由“伍拾圆”（繁体）和几何图形组成。3. 暗记：正面中央面值下方有“中”，正面中央面值右侧山坡上有“工”“人”，背面右侧面值左上方有“00”。

收藏指数：★★★

投资指数：★★★

市场前景：★★★

伍拾圆·火车大桥（红色）

- **发行时间：** 1949 年 2 月 10 日
- **停用时间：** 1955 年 5 月 10 日
- **票面尺寸：** 132mm×70mm
- **字冠、号码：** 三字冠、八号码
- **印刷工艺：** 胶印四色

样
票

特征说明

1. 无水印。2. 底纹由“中国人民银行”（繁体）字样组成。3. 暗记：正面右方桥的右侧有“人”，桥的左侧有“民”。

收藏指数：★

投资指数：★

市场前景：★

伍拾圆·铁路

发行时间：1949 年 3 月 20 日

停用时间：1955 年 5 月 10 日

票面尺寸：135mm×67mm

字冠、号码：三字冠、七号码

印刷工艺：胶印四色

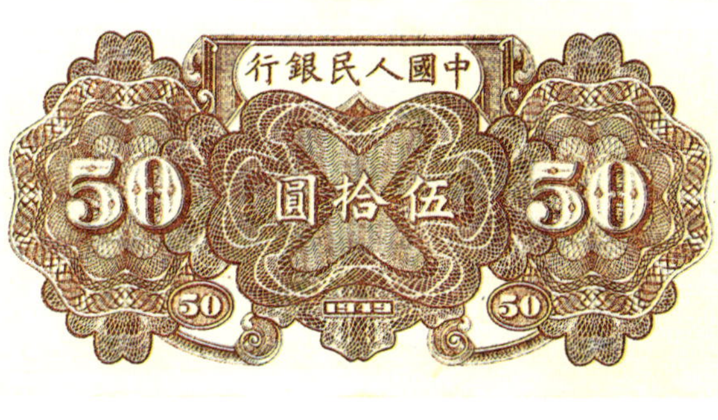

特征说明

1. 无水印，纸质有厚与薄的差异，颜色有深与浅之别。2. 底纹由“中国人民银行”（繁体）和几何图形组成。3. 暗记：正面中央火车后边车厢上有“H”。

收藏指数：★★

投资指数：★

市场前景：★

伍拾圆·工人和农民

发行时间： 1949 年 8 月

停用时间： 1955 年 5 月 10 日

票面尺寸： 134mm×70mm

字冠、号码： 三字冠、八号码

印刷工艺： 胶印三色

特征说明

1. 无水印。2. 正面底纹由“中国人民银行”（繁体）、“伍拾圆”（繁体）及五角星组成，背面底纹由“50”及几何图形组成。3. 暗记：正面行名左侧花饰左花卷下有“上”，正面行名左侧花饰右花卷上有“人”，背面行名左侧花饰中心有“工”“中”，背面行名右侧花饰中心有“上”“工”“中”。

收藏指数：★★

投资指数：★★

市场前景：★★

伍拾圆·压道机

发行时间：1949 年 10 月 3 日

停用时间：1955 年 5 月 10 日

票面尺寸：133mm×70mm

字冠、号码：三字冠、六号码

印刷工艺：胶印四色

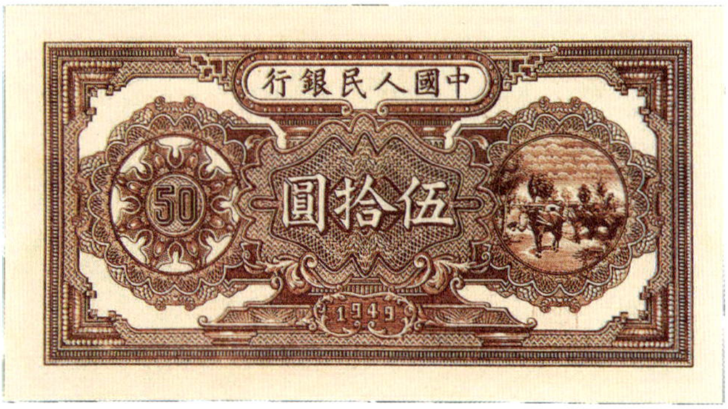

特征说明

1. 无水印。2. 底纹由“中国人民银行”（繁体）和花纹组成。3. 暗记：正面右侧压道机驾驶员右侧有“中”，背面左侧花端有“人”，背面右侧马车图左下有“中”。

收藏指数：★

投资指数：★

市场前景：★

壹佰圆·耕地与工厂

- **发行时间：** 1949 年 1月 10 日
- **停用时间：** 1955 年 5 月 10 日
- **票面尺寸：** 132mm×69mm
- **字冠、号码：** 三字冠、八号码
- **印刷工艺：** 胶印五色

特征说明

1. 无水印。2. 底纹由“中国人民银行”（繁体）和花纹组成。3. 暗记：正面右侧房子下有“X”“山”，正面右侧房子下煤堆中有“中”。

壹佰圆·工厂与火车

收藏指数：★★
投资指数：★
市场前景：★

- **发行时间：**1949 年 2 月 5 日
- **停用时间：**1955 年 5 月 10 日
- **票面尺寸：**133mm×69mm
- **字冠、号码：**三字冠、八号码
- **印刷工艺：**胶印五色

特征说明

1. 无水印。2. 底纹为小花格纹。3. 暗记：正面右下角火车道旁有“中”，背面左下角花卷右侧有“R”。

收藏指数：★

投资指数：★

市场前景：★

壹佰圆·万寿山

发行时间： 1949 年 2 月 5 日

停用时间： 1955 年 5 月 10 日

票面尺寸： 132mm×69mm

字冠、号码： 三字冠、七号码

印刷工艺： 凹凸印各一色

特征说明

1. 无水印。2. 无底纹。3. 暗记：正面行名右侧花卷内有“二”，正面行名左侧花卷内有“三”，正面左侧面值下花饰内有“四”。

收藏指数：★

投资指数：★

市场前景：★

壹佰圆·工厂（红色）

- 发行时间：1949年3月20日
- 停用时间：1955年5月10日
- 票面尺寸：132mm×68mm
- 字冠、号码：三字冠、七号码
- 印刷工艺：凹凸印一色、胶印一色

特征说明

1.无水印。2.底纹由“中国人民银行”(繁体)字样和几何图形组成。3.暗记：正面中央面值右下角有“民”，背面右侧“100”内有“壹佰圆”(繁体)，背面左侧“100”内有“人民”，背面行名“国”字下有“中”，背面右侧“100”下网纹内有“100”。

收藏指数：★★

投资指数：★★

市场前景：★★

壹佰圆·北海桥（黄色、圆三版）

- **发行时间：**1949 年 7 月
- **停用时间：**1955 年 5 月 10 日
- **票面尺寸：**135mm×70mm
- **字冠、号码：**三字冠、六号码
- **印刷工艺：**胶印五色

样票

特征说明

1. 波纹水印。2. 底纹由“壹佰”和花纹组成。

壹佰圆·轮船（号码6位数）

收藏指数：★

投资指数：★

市场前景：★

- **发行时间：** 1949年8月
- **停用时间：** 1955年5月10日
- **票面尺寸：** 134mm×70mm
- **字冠、号码：** 三字冠、六号码
- **印刷工艺：** 胶印五色

特征说明

1. 无水印。2. 底纹由“中国人民银行”（繁体）和“佰圆”（繁体）字样组成。3. 暗记：正面右侧楼房下有“中”，正面轮船喷出的烟中有“人”“民”“R”，背面大花符左侧花中有“民”，背面大花符右下花符上有“行”。

收藏指数：★

投资指数：★

市场前景：★

壹佰圆·轮船（号码8位数）

发行时间： 1949年8月

停用时间： 1955年5月10日

票面尺寸： 134mm×70mm

字冠、号码： 三字冠、八号码

印刷工艺： 胶印四色

特征说明

1. 无水印。2. 底纹由“中国人民银行”（繁体）和“佰圆”（繁体）字样组成。

壹佰圆·驮运

收藏指数：★

投资指数：★

市场前景：★

发行时间： 1949 年 11 月 5 日

停用时间： 1955 年 5 月 10 日

票面尺寸： 135mm × 70mm

字冠、号码： 三字冠、七号码

印刷工艺： 胶印四色

特征说明

1. 无水印。2. 底纹由“中国人民银行”（繁体）和花纹组成。3. 暗记：正面中间烟囱下有“中”，正面左边框上部花纹中有“人”，正面左边框下部花纹中有“民”。

收藏指数：★★★★

投资指数：★★★★

市场前景：★★★★

壹佰圆·帆船

- **发行时间：** 1950 年 1 月 20 日
- **停用时间：** 1955 年 5 月 10 日
- **票面尺寸：** 132mm×69mm
- **字冠、号码：** 三字冠、七号码
- **印刷工艺：** 胶印四色

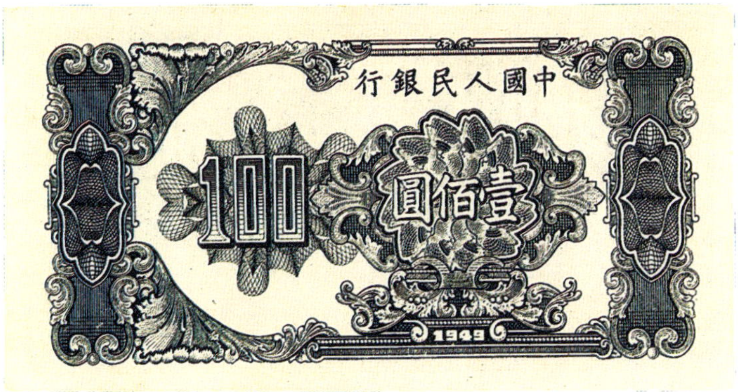

特征说明

1. 无水印。2. 底纹由“中国人民银行”(繁体)字样和几何图形组成。3. 暗记：正面左下面额内有 “人”，正面左下角花符右侧有 “民”。

收藏指数：★

投资指数：★

市场前景：★

贰佰圆 · 颐和园

发行时间： 1949 年 3 月 20 日

停用时间： 1955 年 5 月 10 日

票面尺寸： 133mm × 69mm

字冠、号码： 三字冠、七号码

印刷工艺： 胶印四色

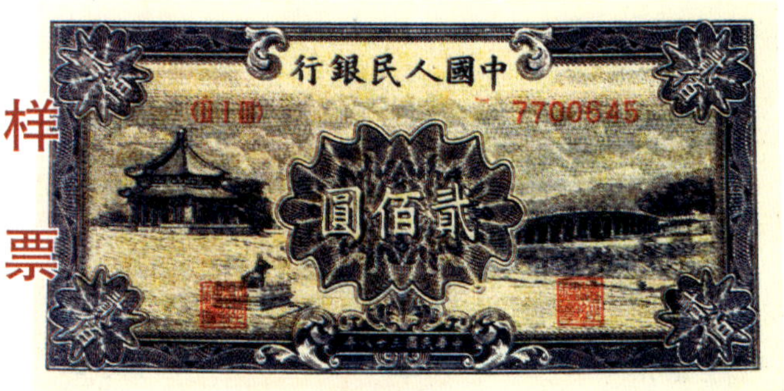

特征说明

1. 无水印。2. 底纹由“中国人民银行”（繁体）字样和花纹组成。3. 暗记：正面右图左数第五个桥洞下有“北”，正面左数第八个桥廓处有“五”，正面左侧廓如亭右树丛中有“人”“民”，正面左侧廊如亭下柱子间有“贰”。

收藏指数：★

投资指数：★

市场前景：★

贰佰圆·排云殿

发行时间： 1949 年 5 月 8 日

停用时间： 1955 年 5 月 10 日

票面尺寸： 135mm×70mm

字冠、号码： 三字冠、六号码

印刷工艺： 胶印五色

特征说明

1. 五角星水印。2. 底纹由“贰佰”字样和花纹组成。3. 暗记：正面右上角面额内有“解”，正面右下角面额内有“放”，正面年号花符内有“全”，正面左下角面额内有“中”，正面左上角面额内有“国”（繁体）。

收藏指数：★

投资指数：★

市场前景：★

贰佰圆·长城

- **发行时间：** 1949 年 8 月
- **停用时间：** 1955 年 5 月 10 日
- **票面尺寸：** 134mm × 70mm
- **字冠、号码：** 三字冠、八号码
- **印刷工艺：** 胶印二色、凹印一色

特征说明

1. 无水印。2. 底纹由“中国人民银行”（繁体）和“贰佰圆”（繁体）组成。3. 暗记：正面右下角“贰佰”两字间有“人”，正面左下角“贰佰”两字间有“民”，背面行名右方网纹中有“人”，背面行名左方网纹中有“民”。

收藏指数：★

投资指数：★

市场前景：★

贰佰圆·炼钢

- **发行时间：** 1949 年 9 月
- **停用时间：** 1955 年 5 月 10 日
- **票面尺寸：** 134mm×70mm
- **字冠、号码：** 三字冠、八号码
- **印刷工艺：** 胶印五色

样票

特征说明

1. 无水印。2. 底纹由“中国人民银行”（繁体）和“贰佰圆”（繁体）、“200”及五角星组成，是底纹设计最精细的票券之一。3. 暗记：正面左上角花符右上网纹中有“人”“上”，正面年号上方有“人”，正面左下角花符上方有“佰”，正面行名左方花饰中有“元”。

收藏指数：★★

投资指数：★★

市场前景：★★

贰佰圆·收割

发行时间： 1949年10月20日

停用时间： 1955年5月10日

票面尺寸： 133mm×70mm

字冠、号码： 三字冠、七号码

印刷工艺： 凹凸印各一色

样票

特征说明

1. 无水印。2. 无底纹。3. 暗记：正面左上角有“中”，正面年号上方花饰中有“中”，正面右上角有“行”，正面右侧花符左右两端有“山”，背面“佰”字中有“工”。

收藏指数：★★

投资指数：★

市场前景：★

伍佰圆·农民与小桥

发行时间： 1949 年 9 月 10 日

停用时间： 1955 年 5 月 10 日

票面尺寸： 133mm×70mm

字冠、号码： 三字冠、七号码

印刷工艺： 胶凹印各一色

样票

特征说明

1. 无水印。2. 无底纹。3. 暗记：正面中间花符左下方有“民”，正面中间花符右下方和正面左下角“佰”字右上方有“北”。

伍佰圆·正阳门

收藏指数：★★

投资指数：★

市场前景：★

发行时间： 1949 年 9 月 10 日

停用时间： 1955 年 5 月 10 日

票面尺寸： 134mm×70mm

字冠、号码： 三字冠、六号码

印刷工艺： 胶印五色

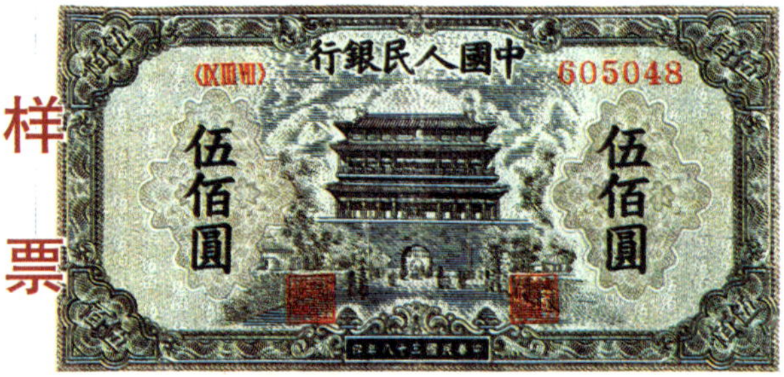

特征说明

1. 波纹水印，纸质有薄与厚之分，颜色有黄与白之别。2. 底纹由“伍佰”和曲纹组成。3. 暗记：正面行名上方花饰中心有“人”，背面左侧面值佰字中有“伍”，背面中心面值右下角花符中有“佰”，背面行名左下花中有“D”。

收藏指数：★

投资指数：★

市场前景：★

伍佰圆·起重机

发行时间：1949 年 10 月 3 日

停用时间：1955 年 5 月 10 日

票面尺寸：134mm×70mm

字冠、号码：三字冠、七号码

印刷工艺：胶印五色

样票

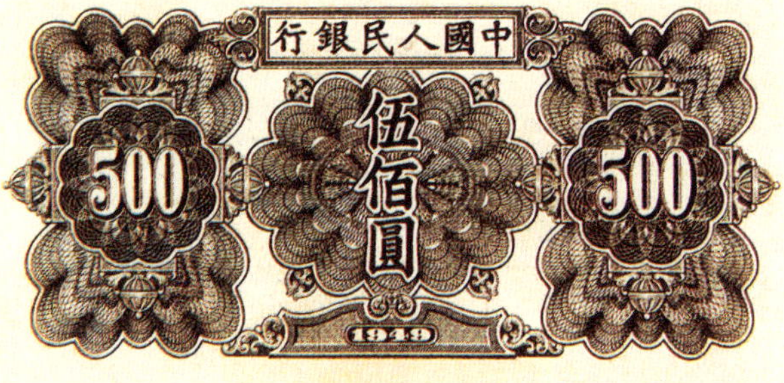

特征说明

1. 无水印。2. 底纹由“伍佰”和横纹组成。3. 暗记：正面右侧图章左方的花符中有“E”，背面行名右侧花符中有“人”，背面行名左侧花符中有“民”。

伍佰圆·收割机

收藏指数：★

投资指数：★

市场前景：★

- **发行时间：** 1949 年 10 月 20 日
- **停用时间：** 1955 年 5 月 10 日
- **票面尺寸：** 134mm×70mm
- **字冠、号码：** 三字冠、八号码
- **印刷工艺：** 胶印五色

样票

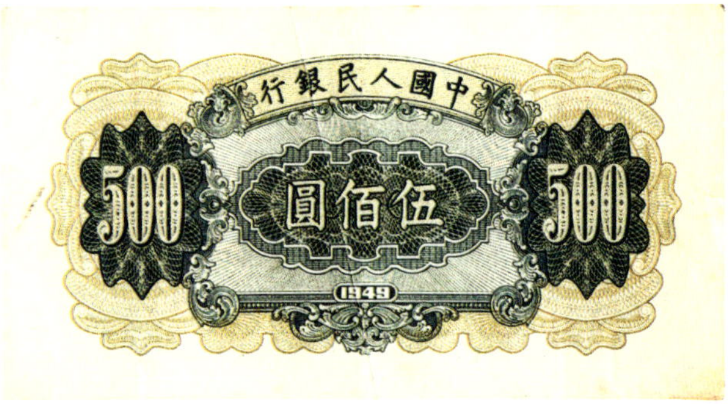

特征说明

1. 无水印。2. 底纹由“中国人民银行”（繁体）、“伍佰圆”（繁体）和“500”组成。3. 暗记：正面右上角“伍佰”两字间有“自”，正面右下角“伍佰”两字间有“力”，正面左上角“伍佰”两字间有“更”，正面左下角“伍”字右上角有“生”。

收藏指数：★★

投资指数：★

市场前景：★

伍佰圆·种地

发行时间： 1951 年 4 月 1 日

停用时间： 1955 年 5 月 10 日

票面尺寸： 134mm×69mm

字冠、号码： 三字冠、七号码

印刷工艺： 胶印五色

特征说明

1. 无水印。2. 底纹由“中国人民银行”(繁体)和几何图形组成。3. 暗记：正面中间驴腿旁有 “上”，背面行名民字右下有 “一”，背面年号上边有 “二”。

收藏指数：★★★★★

投资指数：★★★★★

市场前景：★★★★★

伍佰圆·瞻德城

发行时间： 1951年10月1日

停用时间： 1955年5月10日

票面尺寸： 134mm×70mm

字冠、号码： 三字冠、七号码

印刷工艺： 胶印四色

特征说明

1.无水印。2.底纹由“中国人民银行”(繁体)和几何图形组成。3.暗记：背面中心维文中有“500”。

收藏指数：★★★

投资指数：★★★

市场前景：★★★

壹仟圆·双马耕地

发行时间：1949 年 9 月 11 日

停用时间：1955 年 5 月 10 日

票面尺寸：150mm×62mm

字冠、号码：三字冠、六号码

印刷工艺：胶印三色

样票

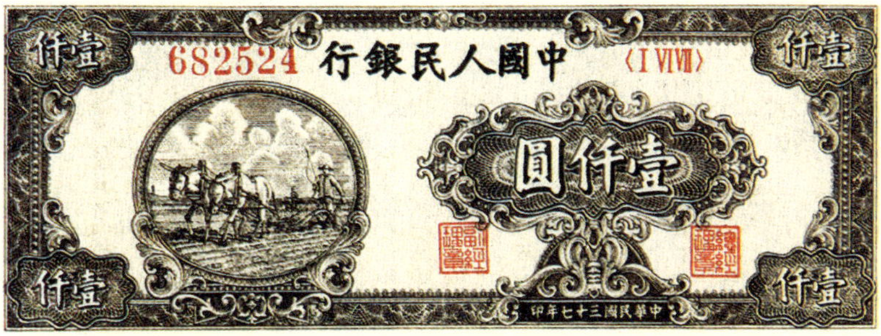

特征说明

1. 波纹水印。2. 底纹由“壹仟”和几何图形组成。3. 暗记：票面面值下有“R”字，票背右边框有“A”字，图案斜对角分别有“中”“国”（繁体）二字。

收藏指数：★
投资指数：★
市场前景：★

壹仟圆·秋收

- 发行时间：1949 年 10 月 3 日
- 停用时间：1955 年 5 月 10 日
- 票面尺寸：134mm×70mm
- 字冠、号码：三字冠、八号码
- 印刷工艺：胶印五色

特征说明

1. 无水印。2. 底纹由“中国人民银行”（繁体）和花纹组成。3. 暗记：背面右侧边框上有“中”“国”（繁体），背面年号右侧花符上有“人”，背面年号左侧花符上有“民”，背面左边框上有“银”（繁体），背面左边框下有“行”。

收藏指数：★

投资指数：★

市场前景：★

壹仟圆 · 三台拖拉机

- **发行时间：**1949 年 11 月 15 日
- **停用时间：**1955 年 5 月 10 日
- **票面尺寸：**140mm×75mm
- **字冠、号码：**三字冠、八号码
- **印刷工艺：**胶凹印各一色

样票

特征说明

1. 无水印。2. 无底纹。3. 暗记：正面中心面值右下草地上有“工”，背面农民后脚下有“民”。

收藏指数：★

投资指数：★

市场前景：★★

壹仟圆 · 运煤与耕地

发行时间： 1949 年 12 月 23 日

停用时间： 1955 年 5 月 10 日

票面尺寸： 135mm × 70mm

字冠、号码： 三字冠、七号码

印刷工艺： 胶印四色

样票

特征说明

1. 空心五角星水印。2. 底纹由“中国人民银行”（繁体）、“壹仟圆”（繁体）和“1000”组成。3. 暗记：背面左侧面值左上有“文”，背面右侧面值右上有“人”，背面右侧面值左上有“厂”，背面左侧面值右下有“力”。

收藏指数：★

投资指数：★

市场前景：★

壹仟圆·钱塘江大桥

发行时间： 1950 年 1 月 20 日

停用时间： 1955 年 5 月 10 日

票面尺寸： 134mm×70mm

字冠、号码： 三字冠、八号码

印刷工艺： 胶印五色

样票

特征说明

1. 有空心五角星水印和无水印两种钞纸。2. 无底纹。3. 暗记：正面右下角树丛中有“人”，正面六和塔下亭子上有“H”。

壹仟圆·牧马

收藏指数：★★★★★

投资指数：★★★★

市场前景：★★★★

- **发行时间：** 1951年
- **停用时间：** 1955年5月10日
- **票面尺寸：** 134mm×70mm
- **字冠、号码：** 三字冠、七号码
- **印刷工艺：** 胶印四色

样票

特征说明

1. 无水印。2. 底纹由“中国人民银行”（繁体）组成。

收藏指数：★★

投资指数：★

市场前景：★

伍仟圆·耕地机

发行时间：1950 年 1 月 20 日

停用时间：1955 年 5 月 10 日

票面尺寸：140mm×75mm

字冠、号码：三字冠、七号码

印刷工艺：凹凸印各一色、胶印一色

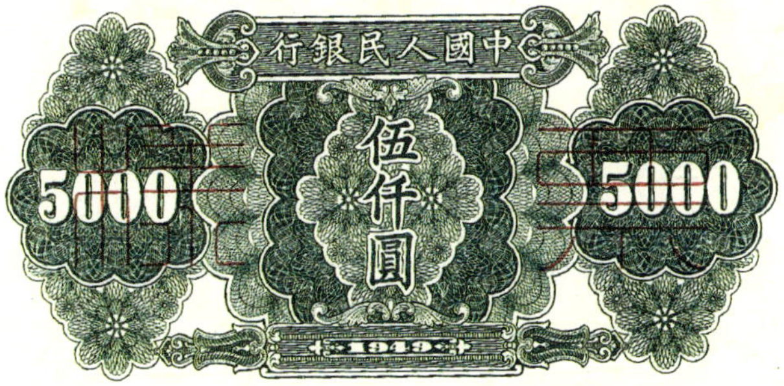

特征说明

1. 波纹水印。2. 底纹由“中国人民银行”（繁体）和“伍仟圆”（繁体）组成。3. 暗记：背面右侧面值上部有“W”。

收藏指数：★

投资指数：★

市场前景：★

伍仟圆 · 拖拉机与工厂

- **发行时间：** 1950 年 1 月 20 日
- **停用时间：** 1955 年 5 月 10 日
- **票面尺寸：** 140mm × 75mm
- **字冠、号码：** 三字冠、八号码
- **印刷工艺：** 凹印一色、胶印一色

样票

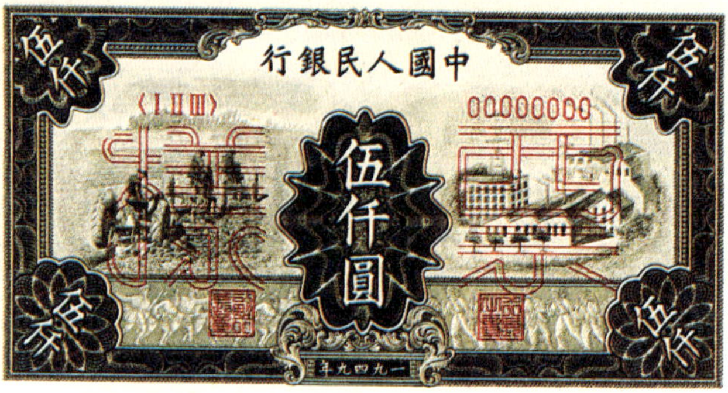

特征说明

1. 波纹水印。2. 底纹由曲线纹组成。3. 暗记：正面右侧四层楼左边树丛中有“5”。

收藏指数：★★★★★

投资指数：★★★★

市场前景：★★★★

伍仟圆·蒙古包

- **发行时间：**1951 年 5 月 17 日
- **停用时间：**1955 年 5 月 10 日
- **票面尺寸：**140mm×74mm
- **字冠、号码：**三字冠、七号码
- **印刷工艺：**胶印四色、凹印一色

特征说明

1. 无水印。2. 底纹由曲纹组成。3. 暗记：正面蒙古包上有“蒙古”，背面中心蒙文中有“人”，背面中央蒙文中有“5”和“0”。

伍仟圆·牧羊

收藏指数：★★

投资指数：★★

市场前景：★★

- 发行时间：1951年10月1日
- 停用时间：1955年5月10日
- 票面尺寸：140mm×75mm
- 字冠、号码：三字冠、七号码
- 印刷工艺：胶印五色

样票

特征说明

1. 无水印。2. 底纹由“中国人民银行”（繁体）和“伍仟圆”（繁体）组成。

收藏指数：★★

投资指数：★

市场前景：★

伍仟圆·渭河桥

发行时间：1953 年 9 月 25 日

停用时间：1955 年 5 月 10 日

票面尺寸：140mm × 75mm

字冠、号码：三字冠、七号码

印刷工艺：胶印八色

特征说明

1. 无水印。2. 底纹由花纹组成。3. 暗记：正面火车车轮上有“天”。

收藏指数：★

投资指数：★

市场前景：★

壹萬圆·军舰

发行时间： 1950 年 1 月 20 日

停用时间： 1955 年 4 月 1 日

票面尺寸： 140mm×75mm

字冠、号码： 三字冠、八号码

印刷工艺： 凹凸印各一色、胶印一色

特征说明

1. 有波纹水印和无水印两种钞纸。2. 底纹由“中国人民银行”（繁体）和“壹萬圆”（繁体）组成。3. 暗记：正面行名左侧花饰中有“四”，正面行名右侧花饰中有“九”，正面年号左侧花卷中有“万”，正面年号右侧花卷中有“X”。

收藏指数：★

投资指数：★

市场前景：★

壹萬圆·双马耕地

发行时间： 1951年1月20日

停用时间： 1955年5月10日

票面尺寸： 140mm×75mm

字冠、号码： 三字冠、八号码

印刷工艺： 凸印一色、胶印一色

特征说明

1. 有空心五角星和波纹两种水印纸，纸色有黄与白之分。2. 底纹由“中国人民银行”（繁体）和曲纹组成。3. 暗记：背面行名左侧花卷中有“M”。

收藏指数：★★★★★

投资指数：★★★★★

市场前景：★★★★★

壹萬圓·牧马

- 发行时间：1951 年 5 月 17 日
- 停用时间：1955 年 4 月 1 日
- 票面尺寸：140mm×75mm
- 字冠、号码：三字冠、七号码
- 印刷工艺：胶印五色

特征说明

1. 无水印。2. 底纹由网纹组成。

收藏指数：★★★★★

投资指数：★★★★

市场前景：★★★★

壹萬圆·骆驼队

发行时间：1951 年 10 月 1 日

停用时间：1955 年 5 月 10 日

票面尺寸：140mm×75mm

字冠、号码：三字冠、七号码

印刷工艺：胶印五色

样票

特征说明

1. 无水印。2. 底纹由“中国人民银行”（繁体）、“壹萬圆”（繁体）和几何图形组成。

收藏指数：★★
投资指数：★★
市场前景：★★

伍萬圓 · 新华门

- 发行时间：1953 年 12 月
- 停用时间：1955 年 5 月 10 日
- 票面尺寸：140mm×75mm
- 字冠、号码：三字冠、七号码

特征说明

1. 波纹水印。2. 无底纹。3. 暗记：正面左侧大花符左下花符间有“人民”，背面中心拖拉机左下有“民”。

收藏指数：★★★

投资指数：★★

市场前景：★★

伍萬圓·收割机

- 发行时间：1953 年 12 月
- 停用时间：1955 年 5 月 10 日
- 票面尺寸：140mm×75mm
- 字冠、号码：三字冠、八号码
- 印刷工艺：胶印二色、双面凹印二色

样票

特征说明

1. 波纹水印。2. 无底纹。3. 暗记：正面行名左侧花符上有“C”。

第二套人民币

由于第一套人民币面额种类、版别较多，单位价值低，印刷质量差等种种原因，中国人民银行在1955年3月1日发行了第二套人民币。1957年11月19日，国务院发布《关于发行金属分币的命令》，自1957年12月1日起发行壹分、贰分、伍分三种硬币，这是人民币硬币史的开端。

第二套人民币的发行从1955年3月起到1962年4月止，前后一共印制了11种面额、16种版别货币。其中 1分、2分、5分两种（纸、硬币各一种），1角、2角、5角各一种，1元两种，2元、3元各一种，5元券两种，10元券一种。

第二套人民币壹圆

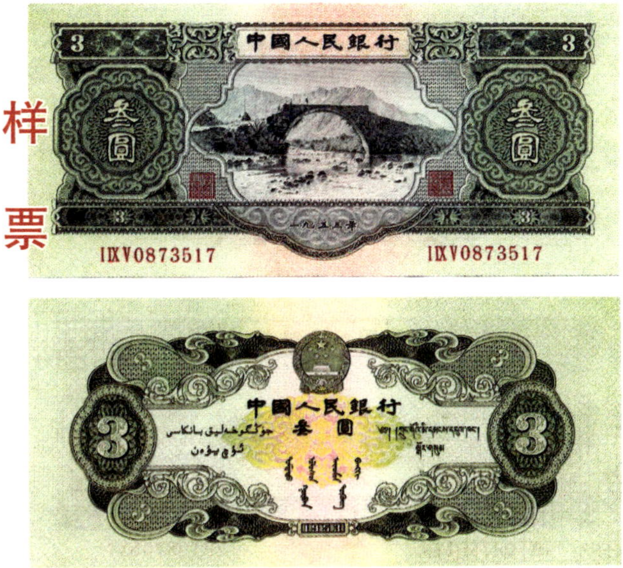

第二套人民币叁圆

第二套人民币的设计思路强调政治性和艺术性的统一，印制工艺技术先进，设计风格鲜明，票面上下花边和背面左右花符相对称，一改过去中国传统纸币呆板的四边框设计形式。主辅币结构合理，图案颜色新颖，表现了中国共产党革命的战斗历程和各族人民大团结的主题思想。

第二套人民币的分票以工业、交通运输为主题；角票以机械、电力为主题；1元、2元、3元券分别采用天安门、延安宝塔山、井冈山龙源口等革命圣地为主景图；5元券和10元券体现了民族大团结和工农联盟的主题思想。

和第一套人民币相比，第二套人民币具有版别少、面额小、单位价值大、方便流通等特点。

第二套人民币在印制工艺上有了很大进步，分券采用胶版印刷，角券由胶版和单面凹版印制，元券则为胶版和双面凹版印刷。其中，10元券还采用了当时先进的接纹技术。

第二套人民币的发行得到了广大群众的认可和支持，是我国第一套品种齐全、序列完整、风格独立、技术精湛的货币。

1953年版·贰分·飞机（有号码）

收藏指数：★

投资指数：★

市场前景：★

- **发行时间：** 1955年3月1日
- **停用时间：** 2007年4月1日
- **票面尺寸：** 95mm×45mm
- **字冠、号码：** 三字冠、七号码
- **印刷工艺：** 胶印四色

特征说明

1.无水印。2.三位罗马冠字，七位阿拉伯数字号码。3.暗记：正面飞机头上有一白点，背面右侧藏文下有中国共产党党徽图案，背面行名“中”字左方有倒斜的“古”。

收藏指数：★
投资指数：★
市场前景：★

1953 年版 · 贰分 · 飞机（无号码）

- **发行时间：** 1955 年 3 月 1 日
- **停用时间：** 2007 年 4 月 1 日
- **票面尺寸：** 95mm × 45mm
- **字冠：** 三字冠
- **印刷工艺：** 胶印四色

特征说明

1. 无水印。2. 只有冠字而无号码，冠字按发行先后分为大、小三字冠两种，小三字冠较少。按冠字排列不同共有 129 种。3. 暗记：背面右侧藏文下有中国共产党党徽图案，背面行名“中”字左方有倒斜的“古”字。

1953 年版 · 伍分 · 轮船（有号码）

收藏指数：★

投资指数：★

市场前景：★

- 发行时间：1955 年 3 月 1 日
- 停用时间：2007 年 4 月 1 日
- 票面尺寸：100mm × 47.5mm
- 字冠、号码：三字冠、七号码
- 印刷工艺：胶印五色

样票

特征说明

1. 无水印。2. 三位罗马冠字，七位阿拉伯数字号码。3. 暗记：正面轮船尾部有“P”“H”。

收藏指数：★

投资指数：★

市场前景：★

1953 年版 · 伍分 · 轮船（无号码）

发行时间： 1955 年 3 月 1 日

停用时间： 2007 年 4 月 1 日

票面尺寸： 100mm × 47.5mm

字冠： 三字冠

印刷工艺： 胶印五色

特征说明

1. 无水印。2. 只有冠字而无号码，冠字按发行先后分为小三字冠和大三字冠两种，小三字冠较少。按冠字排列不同共有 61 种。3. 暗记：正面轮船尾部有“P”“H”。

收藏指数：★

投资指数：★

市场前景：★

1953 年版·壹角·拖拉机

- **发行时间：** 1955 年 3 月 1 日
- **停用时间：** 1967 年 12 月 15 日
- **票面尺寸：** 115mm×52.5mm
- **字冠、号码：** 三字冠、七号码
- **印刷工艺：** 胶印六色、凹印一色

特征说明

1. 有空心五角星水印和无水印两种钞纸。2. 暗记：正面左侧拖拉机前有“工”，正面左侧拖拉机头下方有“中”，正面拖拉机后边犁上有“工”。

收藏指数：★★

投资指数：★

市场前景：★

1953年版·贰角·火车

发行时间： 1955年3月1日

停用时间： 1971年11月

票面尺寸： 120mm×55mm

字冠、号码： 三字冠、七号码

印刷工艺： 胶印四色、凹印一色

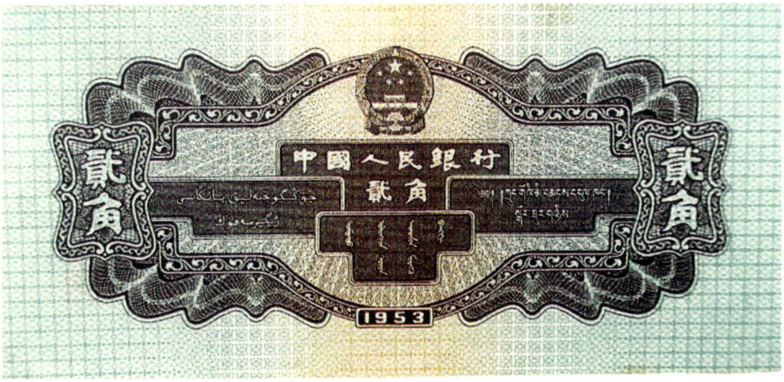

特征说明

有空心五角星水印和无水印两种钞纸。

1953 年版 · 伍角 · 水电站

收藏指数：★

投资指数：★

市场前景：★

- **发行时间：** 1955 年 3 月 1 日
- **停用时间：** 1999 年 1 月 1 日
- **票面尺寸：** 125mm × 57.5mm
- **字冠、号码：** 三字冠、七号码
- **印刷工艺：** 胶印七色、凹印一色

样票

特征说明

有空心五角星水印和无水印两种钞纸。

收藏指数：★★

投资指数：★★

市场前景：★★

1953年版·壹圆·天安门（红）

发行时间： 1955年3月1日

停用时间： 1969年10月20日

票面尺寸： 150mm×67.5mm

字冠、号码： 三字冠、七号码

印刷工艺： 胶印四色、凹印一色

样票

特征说明

1. 空心五角星水印。 2. 暗记：正面行长章左下有“中”，正面右下角“1”字右上星纹中有“圆”（繁体）。

1953年版·贰圆·宝塔山

收藏指数：★★

投资指数：★

市场前景：★

- **发行时间：** 1955年3月1日
- **停用时间：** 1976年12月
- **票面尺寸：** 155mm×70mm
- **字冠、号码：** 三字冠、七号码
- **印刷工艺：** 胶印四色、凹印二色

特征说明

1. 实心五角星花纹混合水印。2. 暗记：正面行名左下有“3”，正面左侧山坡上有“2”，背面右侧花符左上有“中”，背面“中”字左方有“人”，背面左数第三个台阶左上有“民”。

收藏指数：★★★

投资指数：★★

市场前景：★★

1953 年版 · 叁圆 · 井冈山

发行时间：1955 年 3 月 1 日

停用时间：1964 年 5 月 15 日

票面尺寸：160mm×72.5mm

字冠、号码：三字冠、七号码

印刷工艺：胶印四色、凹印二色

样票

特征说明

1. 实心五角星花纹混合水印。 2. 是人民币发行史上唯一的一枚叁圆面额票券，由周总理指定。

1953 年版 · 伍圆 · 各民族大团结

收藏指数：★★★

投资指数：★★

市场前景：★★

- **发行时间：** 1955 年 3 月 1 日
- **停用时间：** 1964 年 5 月 15 日
- **票面尺寸：** 165mm × 75mm
- **字冠、号码：** 三字冠、七号码
- **印刷工艺：** 胶印四色、凹印二色

样票

特征说明

实心五角星花纹混合水印。

收藏指数：★★★

投资指数：★★★

市场前景：★★★

1953 年版·拾圆·工农像

- **发行时间：** 1957 年 12 月 1 日
- **停用时间：** 1964 年 4 月 15 日
- **票面尺寸：** 210mm×85mm
- **字冠、号码：** 三字冠、七号码
- **印刷工艺：** 胶印四色、凹凸印各二色

样票

特征说明

1. 正面左侧有国徽固定水印。2. 人民币发行史上最大规格的票券。

收藏指数：★★

投资指数：★★

市场前景：★★

1956年版·伍圆·各民族大团结

- **发行时间：**1962年4月20日
- **停用时间：**1983年12月1日开始只收不付
- **票面尺寸：**165mm×75mm
- **字冠、号码：**三字冠、七号码
- **印刷工艺：**胶印四色、凹印二色

特征说明

1. 实心五角星花纹混合水印和空心五角星水印两种钞纸，前者较少。2. 暗记：正面华表下穿白衣服的人左手下有“人”，正面左侧花饰左下有“五”，正面右侧花饰右下有“六”，背面左侧花符下方有“六”“工”。

收藏指数：★

投资指数：★

市场前景：★

1956年版·壹圆·天安门（黑）

- **发行时间：** 1961年3月25日
- **停用时间：** 1973年8月15日
- **票面尺寸：** 150mm×67.5mm
- **字冠、号码：** 三字冠、七号码
- **印刷工艺：** 胶印八色、凹印二色

样票

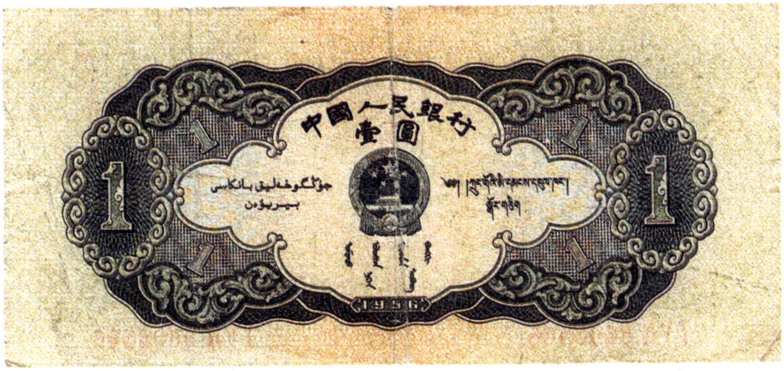

特征说明

有空心五角星水印。

第三套人民币

第三套人民币总述

为顺应时代发展，跟上社会主义建设的步伐，中国人民银行于 1962 年 4 月 20 日开始发行第三套人民币。第三套人民币从 1962 年开始正式发行，到 2000 年 7 月 1 日起停止在市场上流通，是中国目前发行、流通时间最长的一套人民币。

第三套人民币共发行 7 种面额、13 种版别，计有 1 角、2 角、5 角、1 元、2 元、5 元、10 元七种。其中 1 角（币）四种、2 角（币）两种、5 角（币）两种、1 元（币）两种、2 元一种、5 元一种、10 元一种。

第三套人民币伍角

第三套人民币稿样由中央美术学院和中央工艺美术学院印制系统专业技术人员参加的设计绘制小组设计。

第三套人民币诞生于我国三年经济困难时期，其制版和印刷除了体现“自力更生、艰苦奋斗”的时代特点，票面设计图案还集中反映了当时我国国民经济以农业为基础，以工业为主导，工农

第三套人民币贰圆

第三套人民币伍圆

并举的方针。1角正面印有“教育与生产劳动相结合”图，象征文化教育新改革；2角正面为“武汉长江大桥”图，象征社会主义建设；5角正面为“纺织车间”，象征轻工业发展；1元正面为“女拖拉机手”，象征以农业为基础；2元正面为“车床工人”图，象征以工业为主导；5元正面为“炼钢工人”，象征工业以钢为纲；10元正面为“人民代表步出大会堂”，象征人民当家做主。

总之，全套人民币画面反映了我国社会主义建设时期工人、农民的新风貌和社会主义建设的新成就，具有很强的时代感，是社会主义建设初期的历史见证。

和前两套人民币相比，第三套人民币在设计上有很大突破，一改过去纸币四边框、上下边框的设计形式，全部采用开放式设计，在有限的票面上呈现出更加自由、开阔、深远的画面，注重突出票面美感，着实叫人耳目一新。

从收藏、投资角度来看，前三套人民币已相继退出流通领域，第一套人民币年代久远，存世量少，价格昂贵，不易收藏；第二套人民币由于发行较早，不少收藏家开始有意识地收藏，很难找到较好的藏品，因此第三套人民币是收藏者最好的选择。

收藏指数：★★

投资指数：★★

市场前景：★★

1960年版·壹角·教育与生产劳动相结合（枣红）

- 发行时间：1962年4月20日
- 停用时间：1971年11月20日开始只收不付
- 票面尺寸：114mm×52mm
- 字冠、号码：三字冠、七号码
- 印刷工艺：正背面凹印

特征说明

1. 空心五角星水印。 2. 正背面均印有“1960”年号。

收藏指数：★★★★

投资指数：★★

市场前景：★★

1960 年版·壹角·教育与生产劳动相结合（红三冠、背绿）

发行时间： 1966 年 10 月 1 日

停用时间： 1971 年 11 月 20 日开始只收不付

票面尺寸： 105mm×50mm

字冠、号码： 三字冠、七号码

印刷工艺： 正面凹印、背面胶印

特征说明

1. 有空心五角星水印和无水印两种钞票纸，前者较少。2. 暗记：正面大门右侧第六与第七栏杆上方有“A”，“A”的左上方有“J”。 3. 因背面菊花两边为墨绿色，俗称“背绿券”。

1960年版·壹角·教育与生产劳动相结合（红三冠、背紫）

收藏指数：★

投资指数：★

市场前景：★

- 发行时间：1967年12月15日
- 停用时间：2000年7月1日
- 票面尺寸：105mm×50mm
- 字冠、号码：三字冠、七号码
- 印刷工艺：凹印

特征说明

凹印，空心五角星水印，红三字冠七位号码。

收藏指数：★

投资指数：★

市场前景：★

1960年版·壹圆·女拖拉机手（三字冠）

- 发行时间：1969年10月20日
- 停用时间：2000年7月1日
- 票面尺寸：131mm×57mm
- 字冠、号码：三字冠、七号码
- 印刷工艺：正背面凹印

特征说明

1. 国旗五角星水印，二字冠七位号码。2. 暗记：背面右侧山坡上有“工”。3. 正背面均印有“1960”年号。

1960 年版·壹圆·女拖拉机手（二字冠）

收藏指数：★
投资指数：★
市场前景：★

发行时间： 1969 年 10 月 20 日
停用时间： 2000 年 7 月 1 日
票面尺寸： 131mm × 57mm
字冠、号码： 二字冠、八号码
印刷工艺： 正背面凹印

特征说明

1. 国旗五角星水印码。2. 暗记：背面右侧山坡上有“工”。3. 正背面均印有“1960”年号。

收藏指数：★★

投资指数：★

市场前景：★

1960 年版 · 贰圆 · 车床工人

- **发行时间：** 1964 年 4 月 15 日
- **停用时间：** 2000 年 7 月 1 日
- **票面尺寸：** 135mm×57mm
- **字冠、号码：** 三字冠、七号码
- **印刷工艺：** 正背面凹印

样票

特征说明

1. 有空心五角星古币混合水印。2. 暗记：背面左下树丛中有“2”和“R”。

1960 年版·伍圆·炼钢工人（三字冠）

收藏指数：★

投资指数：★

市场前景：★

- 发行时间：1969 年 10 月 20 日
- 停用时间：2000 年 7 月 1 日
- 票面尺寸：142mm×63mm
- 字冠、号码：三字冠、七号码
- 印刷工艺：正背面凹印

特征说明

1. 国旗五角星水印。2. 暗记：背面“行度之章”右上角有“H”和“J”，背面挖掘机窗户上有“天”。

收藏指数：★

投资指数：★

市场前景：★

1960年版·伍圆·炼钢工人(二字冠)

- **发行时间：** 三字冠用完再版改为二字冠
- **停用时间：** 2000年7月1日
- **票面尺寸：** 142mm×63mm
- **字冠、号码：** 二字冠、八号码
- **印刷工艺：** 正背面凹印

特征说明

1. 国旗五角星水印。 2. 暗记：背面“行度之章”右上角有“H”和“J”，背面挖掘机窗户上有“天”。

1962 年版·贰角·长江大桥（三字冠）

收藏指数：★

投资指数：★

市场前景：★

- **发行时间：** 1964 年 4 月 15 日
- **停用时间：** 2000 年 7 月 1 日
- **票面尺寸：** 110mm×50mm
- **字冠、号码：** 三字冠、七号码
- **印刷工艺：** 胶印、凹印

样票

特征说明

1. 无水印。 2. 暗记：凹印票券尚未发现暗记；两种胶印券正面大桥左桥头坡地上有“2”。

收藏指数：★

投资指数：★

市场前景：★

1965 年版 · 拾圆 · 人民代表步出大会堂

- **发行时间：** 1966 年 1 月 10 日
- **停用时间：** 2000 年 7 月 1 日
- **票面尺寸：** 157mm × 72mm
- **字冠、号码：** 三字冠、七号码
- **印刷工艺：** 正背面凹印

特征说明

1. 正面左侧空白处有天安门固定水印。2. 暗记：背面天安门右侧华灯柱子右有“工”，背面天安门右侧华灯右上有“Z”，背面天安门左端边缘处有“人”。

收藏指数：★

投资指数：★

市场前景：★

1972 年版 · 伍角 · 纺织

发行时间： 1974 年 1 月 5 日

停用时间： 2000 年 7 月 1 日

票面尺寸： 115mm × 50mm

字冠、号码： 三字冠、七号码

印刷工艺： 全胶印和单凹印

特征说明

1. 按印制工艺和纸张特点可划分为三种，即：①凹印，国旗五角星水印；②胶印，国旗五角星水印；③胶印，无水印。2. 暗记：正面纺织车间右侧小齿轮上有“5”，正面纺织车间右侧大齿轮下有“中”。

第四套人民币

为适应国民经济发展，方便流通使用和交易核算，中国人民银行自 1987 年 4 月 27 日起，开始陆续发行第四套人民币。

第四套人民币的发行从 1987 年 4 月 27 日至 1997 年 4 月 1 日止，采用的是“一次公布，分次发行”的办法。第四套人民币共发行 9 种面额、17 种版别，1 角（币）两种、2 角一种、5 角（币）两种、1元（币）四种、2 元两种、5 元一种、10 元一种、50 元两种、100 元两种。其中，1元纸币有 1980 年、1990 年、1996 年版三种；2 元、50 元、100 元纸币有 1980 年版、1990 年版两种。

第四套人民币贰圆

第四套人民币伍拾圆

相对于前三套人民币，第四套人民币在设计思想、艺术风格、印刷工艺等方面均有突破。整套纸币主题思想鲜明，体现了在中国共产党的领导下全国各族人民团结一致的思想。在设计风格上，第四套人民币正面主景均为我国各族人物头像，背面则印有祖国的大好河山和名胜古迹，长城、长江三峡、珠穆朗玛峰、黄河壶口、井冈山等，充分体现了我国悠久的历史和灿烂的文化。

1角至10元七种券别，分别采用了14个民族有代表性的人物头像，象征民族大团结；50元券正面主景为工人、农民、知识分子头像，既体现了我国是一个工人阶级领导的、以工农联盟为基础的人民民主专政的社会主义国家，又表明社会主义事业的建设离不开工人、农民和知识分子；100元券采用毛泽东、周恩来、刘少奇、朱德四位伟人头像，表明我们缅怀老一辈无产阶级革命家，并沿着他们开辟的道路前进。

第四套人民币票券不仅沿用蒙、藏、维、壮四种少数民族文字，还首次在1元以上主币上增印了盲文符号，1元、2元、5元、10元券正面左下角分别有1个、2个（竖列）、2个（斜列）、4个小黑点，50元、100元正右下角分别有5个、7个小黑点，体现了党和政府对弱势群体的关心。

在印刷上，第四套人民币采用了先进的印刷工艺，使用了水印、磁性油墨、荧光油墨等先进技术，主景采用大幅人物头像水印，雕刻工艺复杂。世界首创的人像图案水印不仅表现出线条图景，而且表现出明暗层次，进一步提高了防伪性能。

至今，第四套人民币已经问世二十多年，由于第四套人民币发行流通时正是人们收藏意识提高之时，因此还有相当一大部分票券存世，收藏、投资者应该十分慎重才是。

第四套人民币壹佰圆

1980 年版·壹角·民族人物头像

收藏指数：★

投资指数：★

市场前景：★

发行时间： 1988 年 9 月 22 日

停用时间： 尚在流通

票面尺寸： 115mm×52mm

字冠、号码： 二字冠、八号码

印刷工艺： 正背面胶印

特征说明

1. 无水印。2. 背面中下印有“1980”年号。

收藏指数：★

投资指数：★

市场前景：★

1980 年版 · 贰角 · 民族人物头像

发行时间： 1988 年 5 月 10 日

停用时间： 尚在流通

票面尺寸： 120mm × 55mm

字冠、号码： 二字冠、八号码

印刷工艺： 正背面胶印

样票

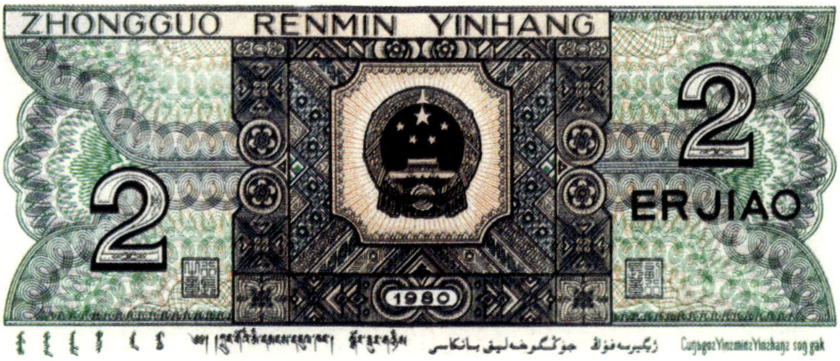

特征说明

1. 无水印。2. 背面中下印有“1980”年号。

收藏指数：★

投资指数：★

市场前景：★

1980 年版·伍角·民族人物头像

发行时间： 1987 年 4 月 27 日

停用时间： 尚在流通

票面尺寸： 125mm×58mm

字冠、号码： 二字冠、八号码

印刷工艺： 正背面胶印

特征说明

1. 无水印。2. 背面中下印有“1980”年号。

收藏指数：★★

投资指数：★

市场前景：★

1980 年版·壹圆·民族人物头像

- **发行时间：** 1988 年 5 月 10 日
- **停用时间：** 尚在流通
- **票面尺寸：** 140mm×63mm
- **字冠、号码：** 二字冠、八号码
- **印刷工艺：** 正背面凹印

特征说明

1. 方圆古钱四方连续水印。2. 背面右下角印有“1980”年号。

1996 年版·壹圆·民族人物头像

收藏指数：★
投资指数：★
市场前景：★

- **发行时间：** 1997 年 3 月 1 日
- **停用时间：** 尚在流通
- **票面尺寸：** 140mm×63mm
- **字冠、号码：** 二字冠、八号码
- **印刷工艺：** 正背面胶印

样票

特征说明

1. 国旗五角星水印。2. 背面右下角印有“1996”年号。

收藏指数：★★

投资指数：★

市场前景：★

1980 年版 · 贰圆 · 民族人物头像

- 发行时间：1988 年 5 月 10 日
- 停用时间：尚在流通
- 票面尺寸：145mm × 63mm
- 字冠、号码：二字冠、八号码
- 印刷工艺：正背面凹印

样票：

特征说明

1. 方圆古钱四方连续水印。2. 背面右下角印有“1980”年号。

收藏指数：★★

投资指数：★

市场前景：★

1990年版·贰圆·民族人物头像

发行时间： 1996年4月10日

停用时间： 尚在流通

票面尺寸： 145mm×63mm

字冠、号码： 二字冠、八号码

印刷工艺： 正面凹印、背面胶印

样票：

特征说明

1. 方圆古钱四方连续水印。2. 背面右下角印有“1990”年号。

收藏指数：★

投资指数：★

市场前景：★

1980年版·伍圆·民族人物头像

发行时间：1988年9月22日

停用时间：尚在流通

票面尺寸：150mm×70mm

字冠、号码：二字冠、八号码

印刷工艺：正背面凹印

特征说明

1. 方圆古钱四方连续水印。2. 背面右下角印有“1980”年号。

1980 年版 · 拾圆 · 民族人物头像

收藏指数：★
投资指数：★
市场前景：★

发行时间：1988 年 9 月 22 日

停用时间：尚在流通

票面尺寸：155mm × 70mm

字冠、号码：二字冠、八号码

印刷工艺：正背面凹印

特征说明

1. 正面左侧有陕北农民头像固定水印。2. 背面右下角印有“1980”年号。

收藏指数：★★

投资指数：★★

市场前景：★★

1980 年版·伍拾圆·工、农、知识分子头像

- **发行时间：** 1987 年 4 月 27 日
- **停用时间：** 尚在流通
- **票面尺寸：** 160mm×77mm
- **字冠、号码：** 二字冠、八号码
- **印刷工艺：** 正背面凹印

特征说明

1. 正面左侧有炼钢工人头像和水印。2. 背面中下印有“1980”年号。

1980年版·壹佰圆·四位领袖浮雕头像

收藏指数：★

投资指数：★

市场前景：★

- **发行时间：** 1988年5月10日
- **停用时间：** 尚在流通
- **票面尺寸：** 165mm×77mm
- **字冠、号码：** 二字冠、八号码
- **印刷工艺：** 正背面凹印

样票

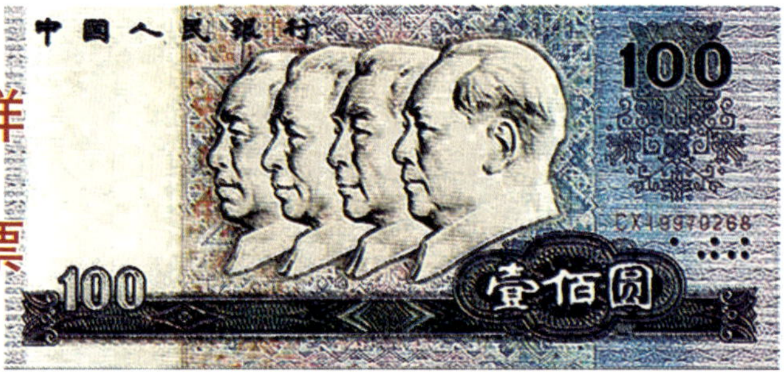

特征说明

1.正面左侧有毛泽东侧面塑雕头像固定水印。2.背面中下印有“1980”年号。3.红色冠号。

收藏指数：★

投资指数：★

市场前景：★

1990 年版 · 壹佰圆 · 四位领袖浮雕头像

- **发行时间：** 1992 年 8 月 20 日
- **停用时间：** 尚在流通
- **票面尺寸：** 165mm×77mm
- **字冠、号码：** 二字冠、八号码
- **印刷工艺：** 正背面凹印

特征说明

1. 正面左侧有毛泽东侧面塑雕头像固定水印。2. 背面中下印有“1990”年号。

第五套人民币

为了适应经济发展的需要，提高人民币的防伪性能，中国人民银行自 1999 年 10 月 1 日起，陆续发行第五套人民币。第五套人民币自开始发行，便沿用至今。

第五套人民币共发行八个券种，分别为 1 角、5 角、1 元、5 元、10 元、20 元、50 元、100 元。1 角、5 角硬币各一种，1 元（币）各一种、20 元（1999、2005）两种，50 元（1999、2005）两种，100 元（1999、2005）两种。第五套人民币根据市场流通需要，增加了 20 元面额，取消了 2 元面额，使面额结构更加合理。

由于 1999 年版第五套人民币防伪技术应用缺乏系列化，经国务院批准，中国人民银行于 2005 年 8 月 31 口发行 2005 年版第五套人民币。2005 年版保持了 1999 年版第五套人民币的主图案、主色调和规格，包括 1 角硬币和 5 元、10 元、20 元、50 元、100 元纸币。

第五套人民币壹圆

2005 年版第五套人民币既属于第五套人民币的范畴，又是对 1999 年版第五

第五套人民币壹佰圆

套人民币的创新和突破。

第五套人民币正面图案均为毛泽东建国初期的头像，是一张广大群众非常熟悉的面孔，既容易辨伪，又纪念了开国领袖；背面主景图案分别选用了布达拉宫、人民大会堂、泰山、长江三峡、桂林山水、杭州西湖等中外闻名的自然风景和雄伟建筑，通过有代表性的民族图案，展现中华民族的悠久历史和大好河山，弘扬了民族文化。

总的来说，第五套人民币是一套科技含量高、具有较鲜明民族特色的货币，从设计到印制，均由中国人民银行独立完成，其印制技术已达到国际水准。此外，纸币中应用了很多成熟的防伪技术，如光变油墨印刷图案、双色横号码、隐形面额数字、横竖双号码、阴阳互补对印图案、红蓝彩色纤维、胶印缩微文字、白水印等。

收藏指数：★

投资指数：★

市场前景：★

1999 年版 · 壹圆 · 毛泽东头像

发行时间：2004 年 7 月 30 日

停用时间：尚在流通

票面尺寸：130mm × 63mm

字冠、号码：二字冠、八号码

特征说明

1. 固定花卉水印：位于正面左侧空白处，仰光透视，可以看到立体感很强的兰花水印。2. 正面主景是毛泽东头像，采用手工雕刻凹版印刷工艺，凹凸感强，易于识别。 3. 背面下方胶印图案中，印有缩微文字人民币“RMB1”字样。4. 正面印有双色横号码，左侧部分为红色，右侧部分为黑色。

收藏指数：★

投资指数：★

市场前景：★

2005年版·伍圆·毛泽东头像

发行时间： 2005年8月20日

停用时间： 尚在流通

票面尺寸： 135mm×63mm

字冠、号码： 二字冠、八号码

特征说明

1. 正面右上方有装饰性图案，将票面置于与眼睛接近平行的位置，面对光源上下晃动，可以看到面额数字“5”字样。2. 正面主景图案右侧，有一组自上而下规则排列的线纹，采用雕刻凹版印刷工艺印制，用手指触摸，凹凸感强。3. 背面主景图案下方的面额数字后面，增加人民币单位“元”的拼音“YUAN”，年号为“2005年”。

2005 年版 · 拾圆 · 毛泽东头像

收藏指数：★

投资指数：★

市场前景：★

发行时间： 2005 年 8 月 31 日

停用时间： 尚在流通

票面尺寸： 140mm × 70mm

字冠、号码： 二字冠、八号码

特征说明

1. 正面右上方有装饰性图案，将票面置于与眼睛接近平行的位置，面对光源上下晃动，可以看到面额数字“10”字样。2. 正面主景图案右侧，有一组自上而下规则排列的线纹，采用雕刻凹版印刷工艺印制，用手指触摸，有极强凹凸感。3. 背面主景图案下方的面额数字后面，增加人民币单位“元”的拼音“YUAN”，年号为“2005 年”。

收藏指数：★

投资指数：★

市场前景：★

1999年版·贰拾圆·毛泽东头像

发行时间： 2000年10月16日

停用时间： 尚在流通

票面尺寸： 145mm×70mm

字冠、号码： 二字冠、八号码

特征说明

1. 固定花卉水印：位于正面左侧空白处，仰光透视，可以看到立体感很强的荷花水印。2. 仰光透视，钞票中有一条明暗相间的安全线。3. 手工雕刻头像：正面主景是毛泽东头像，采用手工雕刻凹版印刷工艺，形象逼真、传神，凹凸感强，易于识别。 4. 双色横号码：号码在左半部为红色，右半部为黑色。

2005 年版·贰拾圆·毛泽东头像

收藏指数：★

投资指数：★

市场前景：★

发行时间： 2005 年 8 月 31 日

停用时间： 尚在流通

票面尺寸： 145mm×70 mm

字冠、号码： 二字冠、八号码

特征说明

1. 正面上方有装饰性图案，将票面置于与眼睛接近平行的位置，面对光源，可以看到面额数字“20”字样。2. 位于正面双色横号码下方，仰光透视，可以看到透光性很强的水印“20”字样。3. 背面主景图案下方的面额数字后面，增加人民币单位“元”的拼音“YUAN”，年号为“2005 年”。

收藏指数：★

投资指数：★

市场前景：★

1999 年版 · 伍拾圆 · 毛泽东头像

- **发行时间：** 2001 年 9 月 1 日
- **停用时间：** 尚在流通
- **票面尺寸：** 150mm × 70mm
- **字冠、号码：** 二字冠、八号码

特征说明

1. 固定人像水印：位于正面左侧空白处，仰光透视，可以看到立体感很强的毛泽东头像水印。2. 磁性缩微文字安全线：钞票纸中的安全线，仰光透视，可见“RMB50”微小文字，仪器检测有磁性。3. 手工雕刻头像：正面主景是毛泽东头像，采用手工雕刻凹版印刷工艺，形象逼真、传神，凹凸感强，易于识别。4. 横竖双号码：正面采用横竖双号码印刷（均为两位冠字八位号码），竖号码为红色，横号码为黑色。

收藏指数：★

投资指数：★

市场前景：★

2005 年版 · 伍拾圆 · 毛泽东头像

发行时间： 2005 年 8 月 31 日

停用时间： 尚在流通

票面尺寸： 150mm × 77mm

字冠、号码： 二字冠、八号码

特征说明

1. 正面右上方有装饰性图案，将票面置于与眼睛接近平行的位置，面对光源上下倾斜晃动，可以看到面额数字“50”字样。2. 正面左下角印有双色异形横号码，左侧部分为暗红色，右侧部分为黑色。字符由中间向左右两边逐渐变小。3. 背面主景图案下方的面额数字后面，增加人民币单位“元”的汉语拼音“YUAN”，年号为“2005 年”。

收藏指数：★

投资指数：★

市场前景：★

1999年版·壹佰圆·毛泽东头像

发行时间： 1999年10月1日

停用时间： 尚在流通

票面尺寸： 155mm×77mm

字冠、号码： 二字冠、八号码

特征说明

1. 固定人像水印：位于正面左侧空白处，仰光透视，可以看到立体感很强的毛泽东头像水印。2. 磁性缩微文字安全线：钞票纸中的安全线，仰光透视，可见“RMB100”微小文字，仪器检测有磁性。3. 手工雕刻头像：正面主景是毛泽东头像，采用手工雕刻凹版印刷工艺，形象逼真、传神，凹凸感强，易于识别。4. 横竖双号码：正面采用横竖双号码印刷（均为两位冠字八位号码），横号码为黑色，竖号码为蓝色。

2005 年版·壹佰圆·毛泽东头像

收藏指数：★

投资指数：★

市场前景：★

发行时间： 2005 年 8 月 31 日

停用时间： 尚在流通

票面尺寸： 155mm×77mm

字冠、号码： 二字冠、八号码

特征说明

1. 正面右上方有装饰性图案，将票面置于与眼睛接近平行的位置，面对光源上下倾斜晃动，可以看到面额数字“100”字样。2. 将原磁性微缩文字安全线改为磁性开窗安全线，背面中间偏右，有一条开窗安全线，开窗部分可以看到由微缩字符“¥100”组成的全息图案，仪器检测有磁性。3. 正面主景图案右侧，有一组自上而下规则排列的线纹，采用雕刻凹版印刷工艺印制，用手指触摸，有极强的凹凸感。

后记

我从小就对各种各样古旧的东西充满兴趣，但是由于当时没有机会接触到收藏业，缺乏专业知识，也不知道该收藏什么比较好，只好见到什么收藏什么了。在一次外出游玩的过程中，机缘巧合之下，我结识了一位钱币收藏爱好者。在他的影响之下，我爱上了纸币收藏。我就像发现了宝藏一样，通宵达旦、如饥似渴地学习着相关知识。

纸币收藏给我带来了很多乐趣，使我的业余生活更加丰富，更加充实。通过收藏纸币，我认识了很多朋友，正是在这些朋友的鼓励之下，我才下定决心，将自己所收集到的资料和多年来的经验、心得编辑成册。在这里衷心地感谢他们，同时也希望这本书能给广大藏友带来帮助。

《纸 币》
（修订典藏版）
编委会